忖度と
国際化時代
の粉飾

公認会計士 **井端 和男**

税務経理協会

はしがき

　2008年1月に出版した「最近の粉飾」のはしがきに，筆者は，会計ビッグバンの浸透と，監査の厳格化により，大規模粉飾の摘発が終わり，子会社などによる局地的な粉飾が主流になったことから，「会計ビッグバンはようやく最終局面に到達したものと評価することができる」と書いた。

　しかしながら，その後もオリンパスや東芝など，日本を代表する大企業において，経営者主導，ないしは，経営者の無理な必達予算の押し付けなどが引き金となった大型粉飾が出現した。局地型粉飾でも，海外の子会社が循環取引に巻き込まれたり，長期間発見されずに粉飾を続けた結果，局地型とは言え，粉飾額が大きく膨れ上がった事例が続出した。大型粉飾発覚などの機会をとらえて，「最近の粉飾」の改訂を重ねた結果，2016年9月には第7版を数えるに至った。

　その後も，局地型粉飾が後を絶たないのだが，海外，中でも中国での子会社の粉飾の増加が目立っている。国際化の進行に伴い海外での粉飾が増えるのは自然の流れだが，最近，国際化の流れに逆行して，米国や中国などの大国が自国第一主義を掲げ，覇権争いを激化させている。新型コロナウイルスによる疫病の蔓延も，企業経営を更に困難なものにしている。これらのトラブルに巻き込まれるなどして，業績不振に陥り，粉飾に走る海外子会社などの増えることが心配される。

　このような情勢下で，「最近の粉飾」の改訂を考えたが，度重なる改訂で，頁数が膨れ上がり，追加，追加による不都合が生じていて，これ以上の改訂は困難になっていた。そこで，新刊書として出直すことに決めた。

　忖度という古めかしい言葉が新聞などを賑わしている。考えてみると，粉飾には忖度に関係したものが多い。従業員の上司に対する忖度のみならず，仲間同士，経営者の株主や前任者，あるいは従業員に対するもの，など多種多様にわたる。

1

年功序列制の日本の企業では，粉飾をしてまで業績を上げるインセンティブがそれ程強くないのに，上司への忖度による局地型粉飾が多いのには，我が国特有の家長制度が関係していると思われる。我が国の伝統的な雇用制度である終身雇用制が家長制度と結びついて，経営者，従業員同士がお互いに忖度しあって平和を保っているのだが，一歩踏み外すと粉飾に結びつく。忖度の観点から，粉飾を見直す必要があると感じた。

　そこで，新刊書は，忖度による粉飾をメインテーマにして，「最近の粉飾」でも取り上げた加ト吉や東芝のケースなどの再検討を含め，忖度の観点から再検討を行って，我が国における粉飾の根源に迫るとともに，国際化と自国優先主義の波に翻弄される海外子会社の実態究明をも取り上げることにした。

　「最近の粉飾」のはしがきでは，「粉飾発見のために特別な財務分析法などはなく，通常の分析手法を適用する」ほかないことを指摘している。

　業績が悪化して，財政状態が脆弱化すると，経営者の粉飾に対するインセンティブが強まるので，業績などは粉飾発見には欠かせられない分析ポイントになるが，業績が悪い企業がすべて粉飾をするわけではない。大多数の企業は，経営が悪化しても悪化したままの財務諸表を公開する。したがって，業績や財政状態の分析中心の従来の財務分析法では，利益を水増しした方が正常となり，有りのままを開示した方が粉飾企業と判定される危険性がある。

　業績が悪いからと言って粉飾に走るか否かは，経営者の道徳心，コンプライアンス意識の強弱，企業の社風や内部統制制度の整備状況などの質的要因に大きく左右されるのだが，企業外部の利害関係者などには，十分な質的要因の情報が入手できるとは限らない。これが，粉飾発見のための最大のネックである。

　粉飾発見のための最も効果的な分析法は資産・負債の回転期間分析法である。利益を水増しすると，資産が膨んで回転期間が伸びるか，負債の回転期間が縮小する。粉飾では，売上高の水増しか，棚卸資産の水増しによる売上原価の過少計上によるものが多いので，売上債権や棚卸資産の分析が粉飾発見には最も効果的な分析法になる。ただ，最近は，粉飾の影響を，いろんな資産や負債に分散させて，個々の項目での回転期間への影響を薄める工作をしているケース

が多いので，回転期間による粉飾発見の効果が低下している。

　粉飾発見には，収益性や財政状態の健全性分析や回転期間分析のほかに，粉飾発見に的を絞った新しい分析法開発の必要性が痛感される。筆者も「最近の粉飾」の改訂版において，グラフや回帰分析法の応用などによる粉飾発見法を紹介してきた。新刊書においても，第４，５章において，新しい分析法を紹介している。

　「忖度時代の粉飾」が「最近の粉飾」同様のご愛顧を頂けるようお願いしたい。

　本書の出版に当たっては，「最近の粉飾」に続き，税務経理協会の峯村英治シニアエディターに大変お世話になった。紙面をお借りして感謝申し上げる。

　　2020年８月29日

　　　　　　　　　　　　　　　　　　　　　　　　　井端　和男

目　　次

第 3 章
海外子会社などでの粉飾事例の研究

第 4 章
粉飾発見のための財務分析法

第 5 章

グラフによる売上債権異常発見法

第 1 章
序　　説

- 忖度と粉飾
- 粉飾のネットワーク
- 忖度と自己正当化
- 国際化に伴う海外子会社での粉飾

忖度(1)と粉飾

筆者は拙著「最近の粉飾」(2)でコンプライアンス意識の浸透と内部統制制度の充実により，経営者主導の「会社ぐるみ」の粉飾が姿を消しつつあり，社内の一部門や個人による局地型粉飾が粉飾の主流になっていることを指摘した。

図表1-1　不適切会計企業　発生当事者別社数（構成比率%）

（単位：社数）

	2013年	2014年	2015年	2016年	2017年	2018年	2019年
会社	13(37.1)	16(43.2)	12(23.1)	26(45.6)	21(39.6)	26(48.1)	30(42.9)
従業員	5(14.3)	7(18.9)	9(17.3)	4(7.0)	4(7.5)	6(11.1)	12(17.1)
役員	6(17.1)	5(13.5)	4(7.7)	2(3.5)	5(9.4)	6(11.1)	3(4.3)
子会社・関係会社	11(31.4)	9(24.3)	27(51.9)	25(43.9)	23(43.4)	16(29.6)	25(35.7)
合　計	35(100)	37(100)	52(100)	57(100)	53(100)	54(100)	70(100)

（注）　東京商工リサーチ調べ。

---

(1)　広辞苑によると，忖度は「他人の心中をおしはかること。」であり，「推察」の同義語としている。

　　実用日本語表現辞典も，「忖度とは，「他人の内心を推し量り（察して）よしなに取り計らうこと」といった意味合いの表現である。特に明示されていない，相手の内心に秘められている部分を，適切に汲み取って，うまい具合に対処する，ということ。言外の要望を察するということ。」となっていて，否定的なニュアンスはなく，家長制度を支えてきた美風にも通じる言葉のようである。

　　ただ，同辞典は，「ただし昨今，「忖度は「相手の意を推し量り」さらに「よきに計らう」という部分まで含めたニュアンスの語として世間的に認識されている向きがある。」2017年頃から，マスコミがいわゆるモリカケ問題（森友・加計学園問題）の疑惑を追及する野党に便乗した報道において「忖度」の語を（政権追及のキーワードとして）大々的に用いたことにより，一連の政界疑惑を象徴するキーワードとして広く認知されるに至った。」としている。本書では，「忖度」を昨今のマスコミの用法に則ったニュアンスで使用している。

(2)　井端和男著「最近の粉飾　第7版」(2016年9月，税務経理協会)。

　図表1－1は，東京商工リサーチ調べによる2013年～2019年における不適切会計処理を行った企業を発生当事者別に示した推移表である[3]。発生当事者の「会社」は「会社ぐるみ」を指すものと思われる。

　図表1－1によると，会社が当事者の社数は2013年の13社から2019年には30社に増えており，全体社数に対する構成比率でも，37.1％から42.9％へと増加傾向にある。

　図表1－1によると，会社ぐるみの粉飾は依然として多いし，社数，構成比と共に年ごとに増加傾向にある。

図表1－2　不適切会計企業　発生当事者別社数（構成比率％）

（単位：社数）

	2013年	2014年	2015年	2016年	2017年	2018年	2019年
会社	5 (23.8)	3 (25.0)	3 (17.6)	3 (20.0)	1 (9.1)	5 (25.0)	2 (8.3)
役員・従業員	9 (42.9)	5 (41.7)	6 (35.3)	1 (6.7)	2 (18.2)	7 (35.0)	5 (20.8)
子会社・関係会社	7 (33.3)	4 (33.3)	8 (47.1)	11 (73.3)	8 (72.7)	8 (40.0)	17 (70.8)
内海外子会社等	2	1	3	4	3	5	14
合　計	21 (100)	12 (100)	17 (100)	15 (100)	11 (100)	20 (100)	24 (100)

（注）　筆者調べ。

　図表1－2は，新聞などで報道された不適切会計処理についての筆者の記録を集計したものである。

　両表では，社数などに大きな違いがあるが，図表1－1には，粉飾のほかに誤謬や着服・横領を含むが，図表1－2では粉飾が中心になっているなど，取り扱い範囲に違いがある。

　また，新聞等では，あまりにも規模の小さいものは取り扱わないと思われるし，筆者の見落としもある。小規模企業や，金額的に企業への影響度の低い粉飾には記録していないものもあるなどで，偏った記録になっていて，信頼性に限界があるが，重要と思われる粉飾は漏らさず記録したつもりである。

　筆者の印象では，零細企業ともいえる小規模企業では，内部統制組織の整備は困難だが，社長に権限が集中しているし，社長の目が全社に行き届いていて，

---

(3)　東京商工リサーチ，2019年全上場企業「不適切な会計・経理の開示企業」調査，による。

局地型粉飾など起きにくいようだ。小規模企業の数が多いので，粉飾会社の数も多くなるのだが，粉飾の多くは会社ぐるみのものになるので，規模などに関係なく，全ての事例を集計した図表1−1では，会社ぐるみの粉飾の社数の多さが目につくのだと思う。

　影響度の大きい粉飾に限ると，筆者の調査結果も大まかな趨勢を示していて，会社ぐるみの粉飾が減って，局地型が増えているのは，間違いのない事実と思われる。

　図表1−1でも図表1−2でも，子会社などでの粉飾が増加傾向にあることを示しているが，M＆Aなどによるグループの肥大化が進行する中で，粉飾は親会社のみならず，子会社に広がっている。それも，子会社のみならず孫会社や曾孫会社における粉飾も出現している。

　局地型粉飾からは，内部統制の効果が末端の組織にまで浸透していないことが推察できるのだが，局地型粉飾の背後には，業績があがらず苛立っている経営者に対する部下の忖度が働いていることも推察される。

　経営者に忖度した粉飾は，日本の企業に限ったものではないが，家長制度に根差した日本独特の風習が背後にあるような気がする。社長を家長とする家族意識のような雰囲気を醸成して，家長の指揮のもとに組織の結束を強める制度である。

　そこでは家長の意思が優先するので，家長の意思に沿った行動をとることが求められる。家長が間違った方向を志向していても，立場上，家長の意思を忖度して盲従することになる。

　これは大変危険なことでもある。粉飾は一度手を染めると止められなくなるどころか，エスカレートするものだ。社長が後押ししている場合にはその傾向がますます顕著になる。

　粉飾は長続きしない。そのうちに発覚して会社に大きな損害を与えることになる。会社が倒産に至ることもある。その場合には，経営者や上司の意向に忖度したに過ぎない実行者は，粉飾により会社を潰した犯人の烙印を押されて失職する。

　予算必達を口実に，社長が従業員に粉飾を押し付けるようになると，会社も終わりである。思い切って，予算の積み増しなどを断るべきであろう。そのため，職を失うことになっても，いずれは失職するのであれば，早い方がよい。

　上司などに対する忖度による粉飾は，利益の水増しだけに限らない。

　社長が政界に進出しているある企業で，部の業績で会社の決算に貢献するよりも，社長の選挙資金を裏金で多く捻出した部長が出世するとのうわさを聞いたことがある。このような会社の雰囲気の中で出世を志すなら，社長に忖度して裏金づくりの粉飾に手を染めるしかない。社長の政界進出は個人の名誉欲を満たすのが主な動機である場合でも，公共事業受注のためなど会社の業務に役立つ側面を強調して，粉飾実行者は会社資金の流用を正当化するのだろう。

　また，社長に対する忖度は何も部下に限ったことではない。後任の社長も先輩の名誉を守るため，先輩の残した含み損などを裏でこっそりと後始末をするのが，日本風の後継者の務めでもあった。

　欧米の経営者は，前任者の意向などにはお構いなしに，引き継ぎに際して損の要素を徹底的に洗い落とすだけでなく，費用の前倒し計上などで，スタート時の業績を良く見せるのが当たり前のことだそうで，我々は，日産のゴーン前会長にその例を見た。

　2011年10月に発覚したオリンパスの粉飾は，1990年以前のバブル期に財テク事業で生じた不良資産を，後任の経営者が，一時，飛ばしの手法で簿外にして含み損を隠蔽したが，わが国でも近く時価会計制度が採用される見通しとなったのを機に，再度，会社で引き取り，のれんなどの形にして年々の減価償却費などの形で粉飾を解消させる粉飾を仕組んだ。

　財テク事業で生じた不良資産をルールどおり発生時に損金処理をしていれば960億円程度の損失で済んでいたものを，2回にわたる粉飾により隠蔽を図ったために，直接計上した損失だけでも1,500億円を超える規模に膨れ上がった。

　先輩の経営者に忖度して先輩の失敗を粉飾でもみ消そうとした経営陣は，先輩の放漫経営のツケを一身にかぶることになっただけでなく，会社に損害を与えたことで損害賠償の判決を受けている。

　後輩の経営者達の努力により，途中，紆余曲折があったが，無事に裏で処理できるめどがついたのに，会社の風習や義理などに縛られることのない英国人の社長を選任したために，すべてが明るみに出るという皮肉な結果に終わった。この事件で，日本の会計制度と経営者に対する国際的な評価が地に落ちたが，会計開示の重要性が見直され，経営者のコンプライアンス意識を向上に向かわせる契機になった[4]。

---

(4)　オリンパスの粉飾については，拙著「最近の粉飾」第4版以降に詳しい。

第2節
粉飾のネットワーク

　成長期の日本の会社では，関係官公庁や取引先などに対する賄賂や交際費の支払いのために裏金による秘密基金が設けられることがあった。合法的に支出される交際費も，表向きは得意先など接待のためだが，それを口実にした経営者個人の遊興のためのものが多かった。

　日産ではゴーン氏のために特別基金が設けてられていたとのことである。現在においては，日本を代表するような大企業で，巨額の裏金の基金など存在する筈はないと思われるが，一昔前なら，社長勘定などといえば，違法な裏金を連想していたことだろう。

　裏金捻出のために，様々な不正が行われた。経費を多く支払ってキックバックを受ける。取引先からの賄賂を積み立てるなどの手法が考えられる。賄賂は全てが個人の懐に入るわけではない。一部は会社の裏金に充当されることで社内の暗黙の承認を得ていた。会社単位の裏金だけではなく，部や課などの単位でも設けられていた会社も多かった。

　数社のジョイントベンチャーで受注した大型プロジェクトなどでは，プロジェクト毎に，裏金基金が設けられ，共同事業者相互の親睦とコミュニケーションを図る目的などに使用されることもあった。

　これら裏金による秘密基金などで，全社規模のものは，経理部などの協力なしには運用は不可能である。部門単位の裏金操作でも，税務処理などで，経理部の協力が必要だし，少なくとも経理部の暗黙の了承が必要だったと思われる。

第**3**節

忖度と自己正当化

1 家長制度の名残

　会社は社長を家長とする家族的集団である。それを支えるのは部門の長を家長とする部門一家であり，その下には，課長を家長とする家族組織がある。会社全体で家族集団の一種のネットワークが構築されている会社もあった。この組織の下では，家長の権力が絶対であっただけに，家長に対する忖度が横行した。

　予算の未達が確実になったときに，社長は営業部門に対して予算必達の圧力をかける。社長の意向に忖度して，業績好調の部門では予算の積み増しに応じる。それでもなお不足する場合には，余裕のありそうな部門や，物分かりがよい部下に照準を当てて半強制的に予算を積み増しさせる。

　このような経営者の属性は，代々受け継がれる傾向がある。カネボウ，オリンパスや東芝のような伝統のある名門会社では，社内には経営者の資質を備えた有能で，道徳心の高い人物が大勢いると思われる。それが，東芝の例のように，自ら粉飾の火付け役になったり，カネボウやオリンパスでは，粉飾の上塗りをして傷口を広げるなど，経営者としてあるまじき行動に走った人物が長年経営者の座にあったのはなぜだろうか。過去の経営者が後継者を選ぶのに，人物や資質で選ぶのではなく，自分に忖度をしてくれて扱いやすい人物を選んできた当然の帰結でないだろうか。

2 利益の平準化は社内では公然の秘密であった時代

　このような予算をめぐる上下での駆け引きが事業本部ごと，部ごと，課ごとなどでも行われていたのだが，このような慣習は，一定の範囲内での利益操作が全社的に容認されていたからこそ，長年続けることができた。

　会社は，業績好調の時には利益を控えめに出して，業績が悪化した時にそれを吐き出す。利益を多額に計上したからといって，株主からそれ程の評価はされないのだが，業績が低下すると厳しく責任を追及される。経営者の保身のために，社内では利益の平準化が公然と行われていた。それを支えてきたのは部下の忖度である。普段は含み益の積み増しに努め，業績低迷時に吐き出して一家の危機を救うのが，模範的な部下であり，報奨として次の家長に昇進する。このような忖度は部門ごと，課ごとなどでも行われていて，会社は部下の忖度で平穏無事を維持することができた。

3 多様な忖度が幅を利かせていた時代

　部下の上司に対する忖度は，予算などだけに留まらず，広い分野にわたって行われていた。係長が課長に昇進した時，あるいは，課長が部長に栄転した時など，昇進の祝い金を部や課内で集める世話係が現れる。自発的に祝い金を出させるのではなく，地位に応じて金額の基準を決めて割り当てる。社内のみならず，取引先や関連会社などからも，会社の規模や取引の程度などに応じた金額の基準を決めて徴収する。このような慣習は金額でなやむことがないので，祝い金を出す側にも喜ばれるし，世話係も自分が課長に昇進した時に同じようなおもてなしを受けることが期待できる。

　重要な得意先には高級バーで接待するのが世間での一般的な慣行になっているのに，会社の予算だけでは高級バーの費用は払えない。多くは裏金で支払うしかない。役員や従業員同士の遊興費も裏金で支払われる。法律上会社は株主

のものだが，自分たちが稼いだお金の一部を自分たちの親善のために使うのは当然の権利だとする自己正当化が働く。

　全社的に利益操作が半ば公然と認められる場合には，利益操作と粉飾との境界があいまいになる。予算必達のための利益操作が，社内でのコンセンサスが得られる範囲内に収まっている間はよいが，度を超すと粉飾に発展する。

　無理な予算を強要する経営者の姿勢から，粉飾もやむを得ないとのコンセンサスが成立し，粉飾をしても予算を達成するのはむしろ経営者の意向に沿ったものだとの自己正当化が働いて，粉飾にブレーキがかからなくなったことも推察される。粉飾にまで発展しても，会社のためにやったことと勝手に粉飾を正当化して罪意識を持たない。つまり最近の粉飾には，局地型といえども，全社的な意思が働いていると考えるべきである。

　東芝の粉飾は，経営者の直接の指示はなかったかもしれないが，達成不可能な過酷な予算の必達指示が，末端での粉飾の引き金になったことは間違いない。

4　高度成長期の名残

　高度成長期には，粉飾などでなく，含み益操作により絞れば絞るほど利益が出てきた。

　バブルが崩壊するまでの日本の上場企業では，含み益の操作による利益の平準化が横行していたし，含み益経営志向は末端の部門にまで浸透していた。経営者は，社内を絞り上げれば利益を生み出せることを知っていた。し烈な売上高競争が続く中で，功を急ぐ経営者は，社内を絞り上げて，利益の上積みに努めたのだが，過酷な予算の上積み要求は，当然計上するべき利益を計上させるのであり，むしろ適時開示制度に叶うものであった。

　バブルの崩壊により，情勢は一転した。含み益資産は含み損に変わる。これまで大切に育成してきた含み益の財源は，吐き出し一方になって底を突いた。

　バブルがはじけて，低成長時代に移行した後にも，高度成長期の含み益経営の空気の中で育った東芝の経営者などには，絞れば絞るほど利益を生み出せる

との神話を信じていて，予算の上積みや予算必達命令を出したのだが，粉飾を促す意図などなかったのかもしれない。

　全社的にコンプライアンス意識が向上し，内部統制制度が充実した現在では，このような自己正当化は許されない。オリンパスや東芝の粉飾では，関与した経営者が職を解かれただけでなく，民事裁判で会社に与えた損害の賠償責任まで負わされることになった。

　個人で金銭を着服したわけではなく，半ば会社のために行った粉飾のため，莫大な損害賠償まで課せられるのでは，粉飾など割に合わないことは，今の経営者は痛いほど認識していると思われる。

　それにも関らず，最近の粉飾事例でも，経営者が無理な予算の上積みを要求し，過酷な予算の必達を強要するケースが数多く報告されている。第2章で紹介するマザーズ上場の株式会社MTGでは中国からのインバウンド客の爆買いで，業績が絶好調の時においても，社長の無理な必達予算の押し付けが続いていた。

　叩けば叩くほど従業員は成長して，業績向上に励むようになる。絞れば絞るほど利益が出てくるとの神話をいまだに信じているのか，コンプライアンス意識が行きわたっていないのか，それとも，粉飾は人類の本能に根差した業のなせるものであり，未来永劫になくならないのかもしれない。

　局地型粉飾では，粉飾の規模が，会社ぐるみの粉飾に比べて小規模になる。粉飾を見逃しても，会社の存立を脅かすまでの規模にならないとの安心感もある。しかし，経営者の意向に忖度した粉飾では，局地型であっても，全社的に拡散して，規模にも歯止めが掛からなくなり，巨額化する危険性のあることは東芝の例で明らかになった。

5　局地型粉飾と循環取引

　局地型粉飾で注意を要するのは，循環取引に関連した粉飾である。新規事業に乗り出す際や，これまでの事業が斜陽化して業績が低迷している事業部など

で，新しい事業への展開を模索しているところに，これまでとは異質の取引への介入の話が持ち込まれるケースなどである。新規事業に進出を目指していても，業界のことが分からないし，ツテも情報もない。そんなときにタイミングよく新しい取引の話が持ち込まれることがある。当面は，仲介者がすべてお膳立てをして，出来上がった取引を持ち込むので，こちらは何もしなくてよい。ただ，取引に介入して，売先からの売掛金を受け取り，仕入先に支払いをするだけでよいというのだ。しかも，取引は将来も続くし，取引額が増える見通しだというのだから，もってこいの商談である。代金の受払に際して，一時的な資金の立て替えが生じるが，売上があがるし，一定の手数料が入る。取引になれるに従って，異業種での取引の実態や要領などが分かり，異業種での取引の学習になる。人脈ができる可能性もある。

　当事者にとってこれほどおいしい取引はないので，一旦取引に参加すると麻薬のように止められなくなる。代金の授受が絡む資金の流れの中にあるので，当方の意志だけで簡単には止められなくなる。その上，どんどん取引量が増えて行って，気が付くと，会社の決算に重大な影響を与える規模に膨らんでいる。

　実は，この取引は架空の循環取引であり，当社の信用を利用するのが目的なのだが，そのうちに当社が循環取引を仕切る元締め役を引き受けさせられる事態にもなることもある。そうなると循環取引のすべての責任を背負うことになりかねない。そのうちに循環回路のどこかにほころびが出ると，すべての取引が止まり，支払も止まり，債権は全て不良化する。当社の信用で成り立っている循環であれば，自社関係の債務だけでなく，循環中のすべての取引の債務を負担する羽目になり，損失額が一挙に大きく膨れ上がることもある。

　08年4月23日に公表された広島ガスのケースはまさにこの例である。広島ガスの連結子会社で設備工事を手掛ける広島ガス開発株式会社では1998年頃から木工事にも業務を拡大した。

　営業担当者のxは販売先開拓に奔走しているうちに，木工業者H社のhから木工資材の介入取引に誘われた。マンション業者と仕入業者の商流の中間に入るというhの説明をそのまま信じて，xは担当役員の承認を得て取引に参加し

た。

　取引は順調に増えて03年度には全社売上高の3割，06年度には5割を占める
に至った。xの取引が会社の業績を左右するようになると，経営者も管理部門
も警戒感を持ちながら，止めるどころか，ブレーキすら掛けられなくなる。子
会社の立場では，不祥事が露見して，稼ぎ頭のメッキがはがれると，親会社に
会社を潰されてしまう恐れもあるので，社長も簡単には手を出せない。親会社
と違って，会社がなくなると不正に関係のない従業員もすべて職を失うことに
なるので，会社ぐるみで不正を隠蔽する。

　xは遅くとも04年1月には循環取引であることを知ったが，取引の規模が大
きくなりすぎていたため，止められなかった。

　07年6月に新社長が着任，取引額が多額だし，取引相手に資金繰りに困って
いるマンション業者が多かったことから，3年先をめどに取引からの撤退を決
めた。

　08年6月にhが交通事故で有罪となり，刑務所に収監されたためxが仕切役
を引き受けることになった。広島ガス開発は騙されて介入に参加した被害者か
ら主犯者になってしまった事件である。

　社長の交代で，撤退にとりかかったが，時すでに遅過ぎた。人事ローテー
ションにおいては社長も例外ではなく，適時の人事ローテーションが不正の防
止には不可欠の制度であることを示す例でもある[5]。

　株式会社ジーエス・ユアサコーポレーションでは，08年9月19日付で，連結
子会社株式会社ジーエス・ユアサライティングの千葉営業所の所長が，代理店
2店や大手証明器具の代理店など8社の間で循環取引を行っていたことを公表
した。所長は20年間以上にわたり千葉営業所に配置され，04年以降は所長と従
業員1名という人員構成でローテーションがなかった。千葉出張所については，
社長や営業部長は，売上高が他の支店及び営業所に比べて過大であることを認

---

(5)　広島ガス株式会社外部調査委員会「調査報告書」2009年4月23日付による。

識していたが，長年，循環取引を止められなかった[6]。

　循環取引は特殊な例だが，新規事業への進出には思いもよらないリスクが付きまとう。

6　経営者側からの忖度

　忖度は，粉飾実行人の経営者に対する忖度だけとは限らない。経営者の粉飾実行人に対する忖度もある。特に，新しい事業などを立ち上げて，重要な会社の利益源になるまで育て上げた人物が，その後取引のすべてを取り仕切っている場合など，粉飾の疑惑が生じても，直接の上司も，管理部門も口出しが出来ず，不正行為など野放しになることがある。

　同じ職務を一人の人間に長年任せるのではなく，適当な時期に交代させるのが内部統制制度の鉄則だが，他の人物に分担させるにも適任者がいない。特に，社内で有数の稼ぎ手で，全社の業績に大きく寄与している場合，人事異動により利益が減ることを心配していつまでも同じポストに据え置くことになる。人を変えることによるデメリットよりも，変えないことによるリスクの方が数倍も大きいのが普通であり，思い切ってルールどおりの人事異動を断行すべきである。

　粉飾に対する最初の関門は直接の上司である。日ごろ密接に部下と接触している。取引の内容や相手先などについては当然のことだし，個人的な情報や動向についても，最もよく知りうる立場にいる。それに，部下を監督する義務を負い，事故などがあれば責任を負わされる立場にあるのだから，部下の動向には特に注意をしている筈である。正しく機能すれば，最強のチェック機関になるのであり，上司がチェック出来ない場合には，第2次，3次のチェック機関による発見は一層困難なものになる。

　直接の上司のチェック機能が筋書きどおりに機能しないのは，部下や業績に

---

(6)　株式会社ジーエス・ユアサコーポレーション外部調査委員会「調査報告書」2008年
10月28日付による。

対する忖度である。問題は，部下とは部門の業績で利害関係を一にすることである。粉飾を疑われる場合でも，粉飾を暴き立てて阻止すると部門の業績が悪化して，自身の立場が悪くなる。監督不行き届きを追及される。そこで，部下の言い訳を信用して自己正当化を図る。こうなると，逆に粉飾発見や阻止の障害になる。経営者や管理部門などから追及されても，部下と共に，不正を隠蔽する立場に変わる。

戸田建設株式会社の子会社シプコー工業は，主にマンションの内装工事を親会社を含むゼネコンから請負っていたが，購入者の要求で工事中の間取り変更などで追加工事が発生することが多かった。追加工事による損失は次の工事で調整してもらうのがこの業界での慣行であった。追加工事による赤字を隠すため，売上の繰り上げ計上や減価の付け替えなどの不適切会計処理が行われていた。

シプコー工業は，戸田建設が商社から買収した会社であり，戸田建設からは社長と総務部長にOBを送り込んだほかに，監査役に戸田建設の部長を兼任させた。

シプコー工業で税務調査により不適切会計処理が露見して，追加課税を受けた。この件は監査役である戸田建設の部長に報告されたのだが，部長はシプコーが連結子会社になった矢先に不祥事が公になると戸田建設にとってもダメージになると考え，追徴課税のことは社外秘として，戸田建設の経営者にも報告しなかった。そのため，シプコー工業社内ではプロパー社員の信頼を得ることになったのだが，それが契機となって監査役の職務を果たせなくなり，その後の不正も黙認することになった結果，不正が長年続けられることになった。子会社のプロパー社員へのちょっとした忖度があだとなり，そのまま不正を見逃し続ける結果になった例である。

取引をチェックする管理部門も，会社の利益が減ることを恐れて手を付けない。同僚に対する心遣いなどがブレーキになることもある。このように野放し

の状態が続いて，粉飾がますますエスカレートするといった事態に陥る[7]。

　第2章では，忖度が長年粉飾を野放しにして，結果として会社に大きな損害をもたらした事例を紹介する。

---

(7)　戸田建設第三者委員会「調査報告書」2012年1月31日付による。

第4節
国際化に伴う海外子会社での粉飾

1 国際化の危機

　国際化の進行により，わが国の企業も，国際化を抜きにしては経営を語れなくなっている。他方では，列強の覇権争いや，自国第一主義が勢いを得てきていて，国境を越えての流通の重大な障害になっている。

　新型コロナウイルスによるパンデミックが，世界中を鎖国状態に追い込んでいる。国際化はいままさに最大の危機に瀕しているが，産業界はいまさら海外での取引から撤退することなどできない。

　国際化の波は，企業に様々な新しい問題や矛盾とリスクをもたらし，企業はこれまでとは違った対応が必要になっているが，自国第一主義やパンデミックによる鎖国化の動きが海外でのリスクなどを更に深刻化する恐れがある。

　生産の国際化に伴って，国際間での分業化も進み，部品の供給を外国のメーカーに依存しているため，その国で災害などが起こって，生産がストップした場合，一部の部品の調達ができないため，全ての組み立て工場がストップしてしまう事態が起こっている。

　粉飾をはじめとする不正行為も例外ではない。粉飾については，基本的にはその動機から手口まで世界共通であり，わが国での経験やノウハウがそのまま世界でも通用するが，慣習や法制，あるいは国ごとの発展段階や，宗教の違いもあり，国ごとの対応が必要である。

　このような情勢の変化に鑑み，本書では，第3章において，最近の海外での

粉飾の実態を知るために，海外での粉飾の実例を紹介する。

　結論からいうと，これまでのところ，海外での粉飾も国内での粉飾と基本的には違いはない。それなのに，例えば，循環取引に巻き込まれるリスクなどは，国内での体験や，メディアの報道などで熟知している筈なのに，同じような失敗の例が続出している。国内では最近でも，第2章で紹介するブロードメディア株式会社のように，典型的な架空取引に巻き込まれた例があるので，だます側とだまされる側とが出てくるのは，どんな時代でもなくならないのかもしれない。

　ただ，海外での粉飾は，本社や親会社の目が国内より届きにくいので，発見が遅れ，大規模化する傾向がある。事故が起こってから，真相解明や債権保全や回収に着手するのでは手遅れで，直接の損失額と共に後始末のための経費も大きく膨らむ危険性もある。

　現地通の要人をスカウトするか，自社で育成し，現地事情を十分に調査するなどの事前の準備を十分に済ませた後に海外に進出するべきである。

　しかし，現実には，満足な準備もしないで，現地の有力者と称する人物をパートナーにしたてて，あるいは，国内での実績を頼りにして，安易に海外事業に進出を試みる企業が多い。それもリスクヘッジのつもりで，別法人組織でスタートする。

　長谷川俊明氏は，海外に限らず，国内においても，企業不祥事が子会社を舞台に起こるケースが増えている理由として，「法人格によるリスク遮断」を挙げている。「つまり，リスクの大きな事業を別法人である子会社に行わせることにより，親会社にまでリスクが及ばないようにするのである。不祥事が子会社に多く発生するのは，リスクの大きい海外事業を現地法人に担わせているのであるから，いってみれば当たり前の現象である」という[8]。

　海外の子会社が循環取引などに巻き込まれ，子会社では処理しきれなくなって親会社に泣きつく例がある。親会社の経営者が乗り出す場合でも，第3章で

(8)　長谷川俊明著「海外子会社のリスク管理と監査実務」2017年3月，中央経済社刊。

紹介するUKCのケースのように，相手方の口車に乗って，債権回収促進のためと称して，更に取引を増やし，傷口を広げる例も見受けられる。

　十分な準備もしないで，別法人にリスクを担わせるつもりで海外進出を強行すると，リスク管理は子会社任せになるし，それでなくても，子会社の管理は難しいので，リスクが増幅されて，損失が親会社にのしかかってくる。

　組織の肥大化に従って，子会社から孫会社や曾孫会社へと，資本系列が伸びていく。

　国内と海外，親会社と子会社の間には給料や社会的ステイタスなどで大きな格差がある。ましてや，孫会社や曾孫会社との間では，さらに大きなギャップが生じる可能性があって，これら様々な格差の存在にも関らず，いろんな階層の子会社での従業員の勤労意欲をどのようにして引き出すかなど，資本系列の末端に行くほど，微妙な問題をはらんでいる。子会社の国別，階層別などのきめの細かい管理手法などのノウハウを蓄積する必要がある。

2　粉飾の国際化

　図表1－1及び図表1－2によると，子会社・関係会社での粉飾が増えていて，特に，2019年には大きく増加している。中でも，海外子会社での粉飾が増えている。

　2019年12月4日の日本経済新聞は，日本の上場会社で会計や経理の不祥事が増えていて，2019年11月末までに64社が開示し，これまで最多だった16年を上回ったことを伝えている。日本企業の国際化が進み，中国など海外子会社や合弁会社などで不正が起きやすくなっていること，全体の約3割に相当する18社が海外で不正が発生し，国別では中国が8社で最も多かったことから，国内でも子会社や孫会社へのチェックが行き届かなくなっていて，グローバル時代に対応した経営管理体制の整備が急務になっていると結んでいる[9]。

---

(9)　2019年12月4日付日本経済新聞「会計・経理不正最多64社　上場企業海外子会社で目立つ」による。

　図表1－3は，2015年以降に公表された上場企業の粉飾事例の内，新聞等で報道されたもののうち，筆者が記録した子会社，関連会社（以下，子会社等という）による事例を，外国，中国，中国以外の東南アジア諸国の別に年毎の社数を集計した表である。

　第1節でお断りしたとおり，新聞等ではすべての粉飾事例を報道するわけでないし，筆者の見落としもあって，完全なものではない。

図表1－3　上場会社で不適切会計処理公開会社の国別分布表

暦年	合計	子会社等	海外子会社	内国子会社	内国外アジア子会社
2015年	17社(100%)	8社(47.1%)	3社(17.6%)	1社(5.9%)	0社(0.0%)
2016年	15社(100%)	11社(73.3%)	4社(26.7%)	0社(0.0%)	2社(13.3%)
2017年	10社(100%)	6社(60.0%)	3社(30.0%)	2社(20.0%)	0社(0.0%)
2018年	20社(100%)	8社(40.0%)	4社(20.0%)	4社(20.0%)	0社(0.0%)
2019年	21社(100%)	16社(76.2%)	12社(57.1%)	5社(23.8%)	3社(14.3%)

（注）　カッコ内の比率は合計社数中の構成比率である。

　図表1－4は，図表1－3のうちアジア諸国の子会社等による粉飾事例から，年商高が4兆円を超えるマンモス企業で粉飾が局地型の2社を除外した16社の概要を公表日順に並べた表である。16社のうち中国子会社での粉飾が12社，タイ，フィリッピン，インド，インドネシア，韓国が各1社である。複数国に跨る会社があるので上記合計社数は図表1－4とは一致しない。

図表1－4　東南アジア諸国における子会社での不適切会計処理公開企業（2015年以降公表分）

1　江守グループHDS株式会社（15／4／30民事再生法）	化学薬品商社
①　発　表：15／2／6（5年以上）	②　監 査 人：あずさ
③　粉　飾：中国の連結子会社で22年前から循環取引や子会社経営 　　　　　　者，親族会社と無断で取引して不良売掛金堆積	④　粉飾利益：462億円
	⑥　取 引 所：東証1部
⑤　業績等：2,192億円／33／1,022／226（14.3期） 　　　　　　2,089億円／33／1,022／226（訂正後）	
⑦　訂　正：11／3～14／3期有価証券報告書，13／6～14／94四 　　　　　　半期報告書訂正	
2　住友電設株式会社	設備工事業
①　発　表：16／6／2（2年）	②　監 査 人：あずさ
③　粉　飾：子会社で不適切会計処理，インドネシアの子会社が工 　　　　　　事進行基準で不適切会計処理により過大工事収益計上	④　粉飾利益：15億円
	⑥　取 引 所：東証2部
⑤　業績等：1,446億円／47／1,124／548（15／3期） 　　　　　　1,443億円／45／1,120／546（訂正後）	
⑦　訂　正：14，15／3期有価証券報告書，13／6～15／12四半期 　　　　　　報告書訂正	
3　株式会社リコー	複写機械・光学機械製造販売
①　発　表：16／7／19（年）	②　監 査 人：あずさ
③　粉　飾：インドの子会社で一部従業員による不正会計処理	④　粉飾利益：171億円
⑤　業績等：22,090億円／630／27,765／10,778（16／3期）	⑥　取 引 所：東証1部
⑦　訂　正：該当なし	
4　株式会社UKCホールディングス（3156）	半導体，電子部品販売
①　発　表：17／5／10，17／7／9第三者委員会報告書受領	②　監 査 人：あずさ
③　粉　飾：子会社で不適切会計処理，香港子会社でテレビLCD 　　　　　　パネルの取引にて滞留が発生，全てフィクサー任せで 　　　　　　当社は代金の授受のみの介入取引	④　粉飾利益：163億円
	⑥　取 引 所：東証1部
⑤　業績等：2,887億円／　32／1,264／577（16／3期） 　　　　　　2,767億円／－62／1,158／471（訂正後）	
⑦　訂　正：13／3～16／3期有価証券報告書，14／6～28／12四 　　　　　　半期報告書訂正	
5　株式会社東京衡機（7719）	試験・計測機器製造販売
①　発　表：17／7／6，17／8／14外部者含む調査委員会中間報 　　　　　　告書受領	②　監 査 人：新日本→清和 　　　　　　　　　　（16／5より）
③　粉　飾：子会社で不適切会計処理，中国の子会社で元役員（元 　　　　　　親会社執行役員），幹部社員による架空売上，経費不 　　　　　　正，棚卸在庫の横流しなど	④　粉飾利益：2.2億円
	⑥　取 引 所：東証2部
⑤　業績等：51億円／　1.7／48／16.5（17／2期） 　　　　　　50億円／－0.5／46／14.3（訂正後）	
⑦　訂　正：17／2期有価証券報告書，16／8～16／11四半期報告 　　　　　　書訂正	

6　株式会社ファルテック（7215）	自動車部品，自動車関連機器製造
①　発　表：18／1／17，18／3／13外部者含む特別調査委員会報告書入手	②　監 査 人：新日本
	④　粉飾利益：7.4億円
③　粉　飾：棚卸資産の不適切評価，中国子会社での不適切売上，実地棚卸数量不正入力など	⑥　取 引 所：東証1部
⑤　業績等：836億円／8.8／607／191（17／3期） 　　　　　836億円／4.4／599／184（訂正後）	
⑦　訂　正：13／3～17／3期有価証券報告書，15／6～17／3四半期報告書訂正	
7　株式会社帝国電機製作所（6333）	ポンプ製造，電子部品事業等
①　発　表：19／1／18，19／3／14社内調査委員会調査報告書受領	②　監 査 人：トーマツ
	④　粉飾利益：7.2億円
③　粉　飾：中国大連子会社で架空費用計上→過少納税，売上前倒し計上	⑥　取 引 所：東証1部
⑤　業績等：208億円／15.8／330／255（18／3期） 　　　　　208億円／15.0／332／248（訂正後）	
⑦　訂　正：14／3～18／3期有価証券報告書，16／6～18／9四半期報告書訂正	
8　日本郵船株式会社（9101）	海運業
①　発　表：18／2／13	②　監 査 人：トーマツ
③　粉　飾：子会社で不適切会計処理，中国の子会社で不正費用支出等	④　粉飾利益：20億円
	⑥　取 引 所：東名証1部
⑤　業績等：1兆9239億円／－2,657／2兆442／5,919（17／3）	
⑦　訂　正：該当なし	
9　株式会社アマナ（2402）	ビジュアルコミュニケーション
①　発　表：18／2／15，18／4／26外部者含む調査委員会報告書受領	②　監 査 人：新日本
	④　粉飾利益：2.1億円
③　粉　飾：子会社で不適切会計処理，中国子会社で人件費，外注費に関する源泉所得税，過少徴収	⑥　取 引 所：東証マザーズ
⑤　業績等：215億円／　0.9／119／16（16／12期） 　　　　　215億円／－0.3／119／14（訂正後）	
⑦　訂　正：15／12～16／12期有価証券報告書，15／3～17／9四半期報告書訂正	
10　リズム時計工業株式会社（7769）	時計，接続端子事業他
①　発　表：19／1／16，19／3／12特別調査委員会報告書受領	②　監 査 人：トーマツ
③　粉　飾：子会社で不適切会計処理，中国子会社のベトナム向け製品売上において，標準原価改竄により売上原価を過少計上する不正	④　粉飾利益：5億円
	⑥　取 引 所：東証2部
⑤　業績等：315億円／5／410／288（18／3期） 　　　　　315億円／2／406／284（訂正後）	
⑦　訂　正：18／3期有価証券報告書，18／6～9四半期報告書訂正	

23

11　大和ハウス工業株式会社（1925） ①　発　表：19／3／13，19／6／18第三者委員会調査報告書受領 ③　粉　飾：子会社で不適切会計処理，持分法適用中国合弁会社にて相手側出身の取締役2名と出納担当者1名が不正に会社資金引き出し ⑤　業績等：3兆7,960億円／2,364／4兆353／1兆5,136（18／3期） ⑦　訂　正：該当なし	建築業 ②　監　査　人：トーマツ ④　粉飾利益：234億円（大和負担額117億円） ⑥　取　引　所：東証1部
12　株式会社ユーシン（6985）（19／8／5上場廃止） ①　発　表：19／4／26，6／17外部専門家含む調査委員会報告書受領 ③　粉　飾：タイ子会社でタイ人の経理担当者が棚卸資産過大計上，ハンガリー子会社での売上原価処理に疑問 ⑤　業績等：1,486億円／　0.5／1,192／272（18／12期） 　　　　　　1,486億円／－6.6／1,175／255（訂正後） ⑦　訂　正：14／11～18／12期有価証券報告書，16／5～18／9四半期報告書訂正	自動車部品等 ②　監　査　人：応和→トーマツ 　　　　　　　　（13／2） ④　粉飾利益：17.5億円 ⑥　取　引　所：東証1部
13　株式会社MTG（7806） ①　発　表：19／5／13，19／7／11第三者委員会報告書受領 ③　粉　飾：中国子会社不適切営業取引，韓国子会社在庫評価疑惑等 ⑤　業績等：605億円／55／721／596（18／9期） 　　　　　　584億円／40／722／580（訂正後） ⑦　訂　正：18／9期有価証券報告書，18／12四半期報告書訂正（上場後10ヶ月で粉飾発覚）	ネット通信販売業 ②　監　査　人：トーマツ ④　粉飾利益：42億円 ⑥　取　引　所：東証マザーズ（18年7月，初上場）
14　藤倉コンポジット株式会社（5121） ①　発　表：19／5／24，19／6／26特別調査委員会報告書受領 ③　粉　飾：中国子会社で副総経理による工場建設費の着服，労務費など経費計上における不適切会計処理など ⑤　業績等：340億円／17／364／254（18／3期） 　　　　　　340億円／16／359／245（訂正後） ⑦　訂　正：14／3～18／3期有価証券報告書，16／6～18／12四半期報告書訂正	産業用資材，スポーツ用品等販売 ②　監　査　人：新日本 ④　粉飾利益：9億円 ⑥　取　引　所：東証1部
15　ユー・エム・シー・エレクトロニクス株式会社（6615） ①　発　表：19／7／24，19／10／28外部調査委員会最終報告書受領 ③　粉　飾：中国子会社で売上，売上原価，在庫に関する不適切会計，タイ子会社で在庫に関する不適切会計処理等 ⑤　業績等：1,396億円／　9／798／266（19／3期） 　　　　　　1,387億円／－24／743／173（訂正後） ⑦　訂　正：16／3～19／3期有価証券報告書，16／6～18／12四半期報告書訂正	車載用・産業用機械 ②　監　査　人：新日本 ④　粉飾利益：93億円 ⑥　取　引　所：東証1部

16　東洋インキSCホールディングス（4634）	総合インキメーカー
①　発　　表：19／10／11，19／12／11特別調査委員会報告書受領	②　監　査　人：トーマツ
③　粉　　飾：フィリッピンの連結子会社で比人社員が棚卸資産，買 　　　　　　掛金，借入金等について不適切会計処理	④　粉飾利益：27億円
	⑥　取　引　所：東証1部
⑤　業績等：2,902億円／119／3,745／2,238（18／12期） 　　　　　2,902億円／118／3,735／2,211（訂正後）	
⑦　訂　　正：17／3～18／12期有価証券報告書，16／12～19／6四 　　　　　　半期報告書訂正	

（注）　読み方
　最上行：社名，証券コード，業種
　①　発　　表：不適切会計処理等公表年月日，調査委員会等報告書受領年月日
　②　監　査　人：会計監査人名
　③　粉　　飾：不適切会計処理等の概要
　④　粉飾利益：粉飾訂正による純資産減少高（最大期）
　⑤　業　績　等：粉飾等発表直近年度の売上高／親会社株主に帰属する当期純利益／総資産／純資産
　　　　　　　　下段は同じ年度，同じ項目のの粉飾等訂正後の数値
　⑦　訂　　正：粉飾等訂正有価証券報告書，四半期報告書の期間

　中国及びアジア諸国での社数が2018年に急増し，2019年も増加が続いている。早くから日本企業が中国に進出し，子会社が多数活躍しているのに，今になって急に粉飾が増えたのに疑問を感じる。中国では急速な経済成長により短期間に世界第2位の経済大国になり，個人の所得が増え購買力が上昇して消費市場が膨れ上がったこと，製造業の裾野が広がり，大手メーカーに伍して資金力の弱い中小業者が増えた結果，原材料や部品を供給し，製品を買い取る市場が拡大し，資金力のある日本企業が介入する機会が増えたことなどが考えられる。

　また，最近では，中国でのコストが上昇していること，一国集中による弊害が出ていること，などから，生産拠点をベトナムなど東南アジア諸国に移す動きが活発になっていることから，これら諸国での粉飾なども増えている。

　海外での粉飾も，手口や動機なども基本的には国内と大きな違いはない。国内での経験などが生かせるはずだが，全く同じようなミスを犯す事例が後を絶たない。国内で，循環取引で痛い目にあっているのに，海外で同じような手口の循環取引の罠につかまる。国内の取引以上に，取引経路や慣習などが分からないし，ツテもないので，ブローカーなどに必要以上依存してしまうのかもしれない。

　図表1－4掲載の16社は，⑤業績等でわかるとおり，業績は比較的順調だし，財政状態が優良で，粉飾に対する誘因など少ないと思われる会社が多い。これは，最近の粉飾は局地型が太宗を占めることによる。局地型では，経営者の方針，親会社の社風やグループの業績などとは関係なく，個人や部署などの事情により粉飾が行われることが推察される。

　大型で会社ぐるみの粉飾はここしばらくの間，姿を消している。局地型でも，コーポレートガバナンスの重要性が認識され，内部統制組織の整備が進んだ効果で，本社から管理の目が届きにくい支店へ，親会社から子会社へ，国内から海外へと粉飾の中心が移りつつあるようだ。

　第3章において，粉飾の国際化の流れを，海外での粉飾などの実例により追ってゆきたい。

第2章
経営者に忖度した
粉飾の事例研究

　本章では，まず，バブル崩壊後においても売上至上主義で，予算の積み増しを押し付けた結果，粉飾に繋がった例などを紹介する。

　マーケットが冷え切っていて，現状維持すらおぼつかないのに，売上至上主義で，予算の増額を厳しく要求されると，循環取引の罠にはまりやすくなる。そこで，本章では，循環取引の例をも紹介する。

　なお，会計期の表示に関して，年度には西暦で，例えば2019年3月期は19年3月期と書き，四半期には，例えば19年3月期第3四半期は18／12期などと書くことにする。また，例えば19／3期は，19年3月期の第4四半期を指す。

● 　株式会社加ト吉の粉飾
● 　株式会社リソー教育の粉飾
● 　株式会社東芝の粉飾
● 　ブロードメディア株式会社の粉飾
● 　事例のまとめ

第 1 節
株式会社加ト吉の粉飾

1 会社概要

最初に2007年1月に公表された株式会社加ト吉の粉飾の例を取り上げる。

会社沿革（株式会社加ト吉有価証券報告書より抜粋して引用）

1956年9月	冷凍水産品の製造，販売を目的として加ト吉水産株式会社（本店香川県観音寺市，資本金2,000千円）を設立。
1964年3月	商号を株式会社加ト吉に変更。
1964年7月	大阪証券取引所市場第二部に株式上場。
1986年7月	東京証券取引所市場第二部に株式上場。
1987年1月	株式会社加ト吉商事の株式を取得し，ホテル事業に進出。
1987年11月	香川県多度郡に中央工場が完成し，冷凍麺の量産体制が確立。
1987年5月	東京，大阪両証券取引所市場第一部に指定。
1991年10月	香川県綾歌郡に綾上工場完成。
1993年10月	中華人民共和国山東省に威海威東日総合食品有限公司を設立。
1994年9月	新潟県魚沼郡に新潟魚沼工場が完成し，冷凍米飯の量産体制が確立する。
1994年12月	居酒屋チェーンを展開する株式会社村さ来本社の株式を取得。
1996年6月	新食糧法の施行に伴いコメの販売を開始。
1996年8月	新潟魚沼工場に精米設備を新設し，精米から加工までの一貫生産体制が確立する。

1996年9月　中華人民共和国山東省に青島加藤吉食品有限公司を設立。

1997年2月　決算日を11月30日から3月31日に変更。

2008年1月　日本たばこ産業株式会社が当社の親会社になる。

2　不適切会計処理発覚の経緯

　2007年1月10日加卜吉の監査人みすず監査法人に対し，加卜吉で違法取引が行われているとの通報があった。加卜吉との循環取引にかかわった取引先が監査法人に通報したとのことである。

　同年1月18日に，加卜吉は違法取引調査のため，内部調査委員会を立ち上げ，さらに，3月20日には，弁護士，公認会計士で構成される外部調査委員会を設置した。

　同年4月19日に，加卜吉では外部調査委員会からの調査報告書を受領し，4月24日付で「不適切な取引行為に関する報告等」と題する報告書を発表すると同時に，創業者社長の加藤義和氏ほか2名の取締役の辞任を発表した。

　新しい代表取締役社長には，日本たばこ産業株式会社取締役専務執行役員食品事業本部長で，05年6月加卜吉取締役に，06年8月には代表取締役副社長に就任していた金森哲治氏が同年4月24日に就任することを発表した。加卜吉では00年に日本たばこと業務提携契約を締結して，取締役を受け入れていた。

　当社および一部の関係会社において，02年3月期から07年3月期までの間に，帳合取引の形態を用いた，商品の移動を伴わない循環取引等の不適切な取引行為が行われ，売上高の過大計上等の不適切な会計処理が行われていた。帳合取引とは，商品等の移動を伴わない帳簿上だけの取引のことである。

　不適切な取引について，商品在庫評価減により100億円，営業債権の回収不能額50億円，合計150億円の損失の発生を見込んでいたのだが，5月30日に発表した決算概要では22億円が上積みされ，損失の総額は約172億円に達することを明らかにした。

　加卜吉の発表を受けて，大阪証券取引所では，同年5月30日付で加卜吉を監

理ポストに割り当てたが，6月28日には解除した。

　以下において，上記の加卜吉外部調査委員会の調査報告書をもとに，加卜吉における不適切会計処理の概要を説明する。

③　不適切取引の概要

　外部調査委員会の調査報告書によると，加卜吉グループの不適切取引には5態様のものがあり，その内，3態様は，加卜吉の元取締役水産事業本部長乙氏の判断によって行われたとのことである。また，加卜吉グループの不適切取引について，上記実行者以外の取締役や従業員が意図的に関与したとは認定できないとしている。

　加卜吉グループの5態様の不適切取引の概要については，次のとおり報告されている。

① 　水産事業本部水産管理部が行ったB社に対する帳合取引を含む金融支援取引：

　　主に，「A社→加卜吉→B社」の商流の帳合取引であり，A社の甲氏からの「帳合取引指図書」に基づいて行われた。

　　取引の大半が循環取引であり，乙氏が自己の判断ミスの発覚を先送りするため，実質的な破綻会社への金融支援を続行した取引と認定される。

② 　水産事業本部水産管理部が行ったA社に対する帳合取引を含む金融支援取引：

　　主に，「A社→加卜吉→A社関連会社」の商流の帳合取引であり，A社の甲氏からの「帳合取引指図書」に基づいて行われた。A社自体の資金繰り悪化に伴う金融支援取引であった。

③ 　水産事業本部水産管理部が行った小野食品に対する帳合取引を含む金融支援取引：

　　小野食品は岡山県所在の含気調理殺菌機の製造メーカーであり，見込み製造の機械や，キャンセルによる返品機械を加卜吉で在庫として保有して

資金繰りに協力するなどの方法で行われた。

④　水産事業本部水産管理部が行ったC社とD社との間に介入した帳合取引
　　（循環取引）：

　　「C社（商社）→加卜吉東京特販部→D社（畜産・水産・冷凍食品の開発・
輸入販売社）」の商流の帳合取引であり，D社がC社から商品を買い戻す
循環取引である。

　　D社代表と，C社の担当者が通謀して循環取引を行っており，加卜吉の
担当役員等関係者が循環取引の実態を知った上で協力したとの状況はない。

⑤　連結子会社の加卜吉水産株式会社の偽造印鑑を利用した取引：

　　2002年2月頃から05年10月まで，「A社紹介のホタテ貝原材料業者→加
卜吉水産→A社紹介の商品加工業者」の商流の取引で，加卜吉は5％の手
数料を得ていた。この取引は加卜吉水産でリスクがあると判断して取引を
終了させた。

　　ほかにも，「E社→加卜吉水産→A社関連会社」の商流の帳合取引が
あった。また，2006年12月14日にE社から突然，売買契約書の一部などと
共に，加卜吉水産等の子会社が支払わない70億円の債権について説明した
いとの要求があったが，売買契約書に押印されている加卜吉水産のゴム印
と印鑑は偽造したものであることが判明した。

　上記①～④の取引は，すべて当時加卜吉の取締役水産事業本部長であった乙
氏の判断によって行われたものである。

　不適切な取引として抽出された金額は次のとおりである。

加卜吉水産管理部：売上高	57,208百万円	粗利益	837百万円
加卜吉東京特販部：売上高	24,846百万円		
加卜吉水産　　　：売上高	16,427百万円	粗利益	821百万円
合　　　計　　　：売上高	98,481百万円		

　07年7月11日付東京・大阪証券取引所に提出した報告書では，不適切取引に
よる売上累計額は108,481百万円になっている。

　また，問題取引による回収懸念債権額及び不良在庫の評価は下記のとおりで

ある。

<pre>
加ト吉水産管理部：回収懸念債権額　　7,653百万円
　　　　　　　　　循環対象商品簿価　2,980百万円　評価損　約2,183百万円
　　　　　　　　　機械在庫簿価　　　　981百万円　評価損　査定の要あり
加ト吉東京特販部：回収懸念債権額　　4,902百万円
</pre>

　2007年7月11日付改善報告書によると，不適切取引に伴う07年3月期までの加ト吉連結決算への累積影響額は，税前利益で17,260百万円（回収懸念債権の貸倒損失14,281百万円，不良在庫評価損2,979百万円）である。

4　不適切取引の原因など

　加ト吉で不適切取引が行われた原因として売上至上主義の基本的経営姿勢が挙げられる。前掲の2007年4月24日付「不適切な取引行為に関する報告等」では，当社の不適切取引行為の原因などについて，企業としての経営の基本的考え方，経営方法，経営のあり方全体が，この度の不適切な取引に係る一連の事態の発生をもたらし，その発覚を遅延せしめる背景となった，として，次のような説明をしている。

(1)　極端な営業重視主義となり，管理部門への資源配分が十分でなかった。そのため，与信管理，債権管理の機能が弱体化していた。営業部門においても，帳合取引の見直し，中止には消極的であった。また，コンプライアンス意識も不十分であった。

(2)　取締役をはじめとする内部統制意識の不十分さが社内に蔓延していたこと。

　　事業部制でたこつぼ化した組織の中で，他の事業部のことは口出しをしない風潮を招き，取締役の担当部門以外の部門に対する監視が十分に機能しなかった。また，この風土が下部組織にも蔓延化した。内部統制の基本となるIT投資も先送りされてきた。

(3)　社長のワンマン経営，同族経営の弊害があったこと。

　取締役および従業員は，管理の点において社長に意見を具申することはほとんどなかった。したがって，緊張感を保った情報と意見交換は十分になされなかった。そのため，適切な人事配置がなされず，また，長期固定化されていた。

　売上至上主義の社長の下では，管理部門も社長に忖度して営業のチェックが及び腰になるのだが，その上に，社長の極端な営業重視主義により，管理部門への人員配置が十分でなかったため，人手不足により管理部門のチェック機能が手薄になり，不適切取引を野放しにした感がある。

　営利会社では，経営者の売上至上主義は必ずしも間違った主義ではないと思う。収益の源泉は売上にあるからである。ただ，売上至上主義を旗印に営業部門に売上増を要求する場合には，同時に管理部門の守りにも注力する必要がある。売上増のために営業部門の人員を増やすなら，同様に管理部門の人員も増やす必要がある。

　営業部門に売上増の号令をかけるなら，管理部門にも管理徹底の号令をかけなければならない。それでないと，営業第一主義の社長の姿勢に忖度して，管理部門は委縮してしまう。管理部門が手薄のまま，売上増の号令をかけるのは，粉飾を暗に奨励するのと同じであることを経営者は知るべきである。

　不適切取引の対象となった5つの態様の取引は全て取引先の金融支援が目的の取引である。金融支援取引は，資金繰りに詰まって経営破綻の危険性が高い相手が取引の対象になるので，本来は手を出すべきではない。

　重要な得意先で，どうしても資金援助を行う必要がある場合でも，相手先の財務内容を把握でき，経営にも関与できる体制を作った上で援助に乗り出す必要がある。更に，いつでも撤退できるように，与信限度額を厳しく絞った上で，厳重に債権管理を実施する必要がある。

　加ト吉では，5つの態様の取引のすべてが金融支援のための循環取引であるとの認識がなかったのかもしれない。しかし，循環取引と認識しなかった取引についても，取引の手続等のお膳立てが出来たのちに持ち込まれる商談であり，しかも関係先の財務内容が脆弱で，資金繰りに不安のある会社であって，極めてリスクが高いので，厳しい与信管理体制を敷く必要があった。

　この種の取引に対する管理業務は，取引先に甘くなりがちな営業部門に任せられないので，管理部門が主体になって行う必要がある。そのためには，管理部門は，会計業務などの事務処理能力や財務部の資金調達などの能力だけでなく，管理業務（特に与信管理業務）にも精通した人材を配置する必要がある。

　社長が売上至上主義者である場合，営業部門は社長に忖度して，危険な取引にまで手を出すリスクが増えるので，同時に管理面の強化を図る必要がある。守りを固めずに攻撃だけを命じるのは会社の自殺行為になる。

　営業重視の猛烈社長のもとには，優秀な管理能力を持つ女房役の副将が必要である。また，社長には，女房役の助言を聞く寛容さが要求される。

　高度成長時代には，強引に売上至上主義を通して，貸し倒れなどが多発しても，積極的な営業姿勢が功を奏して，損失を上回る利益を上げることも可能であった。加ト吉や次に取り上げる東芝の経営者などは，高度成長時代の感覚が残っていて，絞れば絞るほど利益が出てくるとの妄想から抜け出せなかったのかもしれない。

　上記の2007年4月24日付報告書は再発防止に向けた経営方針として，

(1)　売上至上主義と，対前年主義との決別

　　①　帳合取引の売上計上見直し，帳合取引の許容基準の厳格化，循環取引防止のための管理システムの確立

　　②　計画・実行・検証サイクルの導入

　　③　人事評価制度の見直し

(2)　内部統制システムの再構築

　　①　取締役の責任のより一層の自覚と取締役会の活性化

　　②　内部監査体制の強化

　　③　経営管理機能の徹底的な強化

　　④　①～③に沿った組織の見直し

(3)　オーナー経営からの脱却―公的存在としての企業責任の再確認

　　①　経営陣の一新，外部人材の登用

　　②　各ステークホルダーへの説明責任の強化

③　冷凍食品メーカーへの収斂，原点回帰

を挙げている。そして，コーポレートガバナンスの強化を推進し，コンプライ
アンス経営に努めてまいります，と結んでいる。

5　連結財務諸表への影響

図表2－1は加ト吉の01年3月期から06年3月期までの損益計算書と貸借対
照表の主な項目の年度毎の推移を示した表である。加ト吉では02年3月期から
06年3月期までの訂正後の決算書も公表しているのだが，図表2－1では，各
年度ともに訂正前の数値を記載してある。但し，06年3月期のみは訂正後の金
額と訂正額をも記載してある。

図表2－1　株式会社加ト吉　主要連結財務数値推移表（06／3期まで）

（単位：百万円）

年　　度	01年3月期	02年3月期	03年3月期	04年3月期	05年3月期	06年3月期	訂正後	訂正額
売　上　高	238,735	247,153	262,868	274,868	301,041	339,850	318,506	-21,344
売上総利益	41,530	40,779	41,093	40,001	44,290	47,835	47,493	-352
（利益率）	17.40	16.50	15.63	14.55	14.71	14.08	14.91	
経常利益	12,630	12,281	11,333	11,700	13,662	14,597	14,597	0
当期純利益	3,409	6,102	4,804	5,336	7,448	6,598	5,886	-712
売上債権	46,868	49,581	42,895	49,790	58,012	65,965	58,022	-7,943
（回転期間）	2.36	2.41	1.96	2.17	2.31	2.33	2.19	
棚卸資産	17,817	18,365	19,148	22,595	22,181	29,817	28,616	-1,201
（回転期間）	0.90	0.89	0.87	0.99	0.88	1.05	1.08	
総　資　産	239,051	224,759	215,242	231,825	241,600	242,331	241,285	-3,280
（回転期間）	12.02	10.91	9.83	10.12	9.63	8.56	9.01	
仕入債務	33,803	37,229	31,544	35,856	41,679	46,803	39,687	-7,116
（回転期間）	1.70	1.81	1.44	1.57	1.66	1.65	1.50	
有利子負債	92,600	82,006	76,418	75,918	79,193	58,293	58,293	0
（構成比）	38.74	36.49	35.50	32.75	32.78	24.06	24.39	
純　資　産	83,702	82,881	85,652	91,225	96,872	100,592	99,546	-1,046
（自己資本比率）	35.01	36.88	39.79	39.35	40.10	41.51	41.64	

　図表2－1によると，売上高は年度毎に順調に伸びているし，粗利益率は低下傾向にあるが，毎年まずますの当期純利益を上げていて，業績は順調に見える。低成長下での売上高の推移としては出来過ぎで，売上高水増しなどを疑うべきかもしれないが，加ト吉の損益計算書からは粉飾を示唆する兆候は見つからない。売上高の水増しなどは，会社の営業活動状況，同業他社の売上高推移や，主力取扱製商品のマーケットの現状や主要取引先の業績などを総合して判断するのだが，これらの情報は一般の利害関係者には入手が困難であり，情報が入手できても正しく評価することが出来ない，などで，売上高の水増しの粉飾の発見は外部の分析者には極めて困難なことが多い。

　貸借対照表項目については，売上債権，棚卸資産の主な営業資産の回転期間に大きな変化がないし，総資産回転期間は短縮傾向が続いていることから，粉飾の兆候など読みとれない。

　負債では，01年3月期の借入金依存度がやや高めだが，売上高の増加が続いているのに借入金残高は期毎に減少している。その結果借入金依存度は低下が続き，06年3月期には正常水準になっている。

　毎期，純利益を計上しているので，純資産も増加が続いていて，自己資本比率は05年3月期には40％を超え，06年3月期には41.51％に達している。

　利益を水増しすると，同時に資産を水増しするか，負債を隠蔽する必要があり，資産の回転期間が上昇するか，負債の回転期間が短縮するのが普通である。

　循環取引による粉飾の場合は，取引ごとに売上債権，仕入債務の決済が行われるので，回転期間が上昇や短縮することにはならない。加ト吉の場合，売上債権・仕入債務には循環取引に係るものだけではなく，売上債権には営業外受取手形や未収入金が，仕入債務には未払金や営業外支払手形などが含まれている模様であり，実態よりも膨らんでいると思われるが，売上高水増しの効果で，回転期間の異常な変化にはなっていない。

　循環ごとに水増し利益や必要経費などが棚卸資産などに上積みされ，資産の回転期間が上昇する可能性があるが，回転速度を速めると，逆に棚卸資産の回転期間は低下する。売上を水増ししても，固定資産などは増やす必要がないの

で，固定資産の回転期間が低下し，総資産回転期間も低下する。

　売上高水増しの粉飾は，循環取引による場合には特に，決算書の情報からだけでは粉飾を発見が困難になるので，筆者は，年率30％以上の売上増が3年も続く場合には，水増しを疑うことにしている。初期の成長期にある若い企業や画期的な新商品などを開発した企業などを除いて，年率30％もの売上増が3年も続く会社は稀である。加ト吉では高い成長率が続いているとはいえ，最高の06年3月期でも成長率は12.9％に過ぎず，筆者設定の基準には該当しない。

　図表2－2は06年3月期から09年3月期中間期（08／9期と書く）までの主要財務数値の推移表である。

　加ト吉は2008年1月に業務提携先の日本たばこ産業株式会社の100％子会社になったため，上場を廃止したのだが，粉飾訂正後では07年3月期及び08年3月期の決算書と08／9期の決算書を発表している。

　06年3月期については，粉飾訂正前と訂正後の両方の数値を併記して，両者間の差額を計算して右横の列に記載してある。この差額は不適切取引の訂正額を示していると考えられるので，不適切取引に利用された科目などが分かるように，図表2－1よりも項目を増やしてある。

　決算書の訂正により売上高は06年3月期だけで21,344百万円減少しており，5年間の訂正による減少額の累計額は84,830百万円になる。当期純利益では，06年3月期における訂正減少額が712百万円であり，5年間の累計額でも1,045百万円に過ぎない。この減少額は，同期間中における不適切取引による当期純利益への影響額の整理損であると考えられるが，2007年7月11日付で東京・大阪証券取引所に報告した不適切取引に伴う税前純利益に与える影響額17,260百万円とは大差がある。

図表２－２　主要財務数値推移表（06年３月期から08／９期まで）

（単位：百万円）

年度	06年3期訂正前	訂正後	差額	07年3月期	08年3月期	08/9期
売　　上　　高	339,850	318,506	21,344	348,675	203,296	96,804
売 上 総 利 益	47,835	47,493	342	49,393	34,618	16,974
（ 利 益 率 ）	14.08	14.91		14.17	17.03	17.53
経 常 利 益	14,597	14,597	0	10,939	−605	539
特 別 利 益	13,031	13,031	0	1,426	856	551
特 別 損 失	11,467	12,664	−1,197	23,514	14,322	9,137
税 金 等 調 整 前 当 期 純 利 益	16,161	14,964	1,197	−11,149	−14,070	−8,046
当 期 純 利 益	6,598	5,886	712	−9,874	−13,091	−6,524
現 金 預 金	18,100	18,100	0	12,909	13,170	18,753
売 上 債 権	65,965	58,022	7,943	60,809	32,964	42,521
（ 回 転 期 間 ）	2.33	2.19		2.09	1.95	2.64
棚 卸 資 産	29,817	28,616	1,201	29,817	18,859	22,631
（ 回 転 期 間 ）	1.05	1.08		1.03	1.11	1.40
未 収 入 金 等	0	11,124	−11,124	7,819	6,889	4,819
その他流動資産	21,905	18,655	3,250	16,182	7,930	13,027
流 動 資 産 合 計	135,787	134,517	1,270	127,536	79,803	101,751
有 形 固 定 資 産	65,851	65,851	0	71,147	52,174	72,433
無 形 固 定 資 産	1,448	1,448	0	3,023	453	9,344
投 資 そ の 他 資 産	39,211	39,435	−224	50,074	36,141	42,768
固 定 資 産 合 計	106,510	106,734	−224	124,245	86,769	124,547
繰 延 資 産	32	32	0	39	5	4
総 資 産	242,329	241,283	1,046	251,821	168,579	226,303
（ 回 転 期 間 ）	8.56	9.09	−1	8.67	9.95	14.03
仕 入 債 務	46,803	39,687	7,116	47,881	22,828	26,571
（ 回 転 期 間 ）	1.65	1.50		1.65	1.35	1.65
有 利 子 負 債	58,293	58,293	0	79,024	50,611	61,967
（ 構 成 比 ）	24.06	24.16		31.38	30.02	27.38
そ の 他 負 債	28,691	35,807	−7,116	30,117	21,874	44,896
負 債 合 計	133,787	133,787	0	157,022	95,313	133,434
純 資 産	108,543	107,497	1,046	94,799	73,265	92,868
（自己資本比率）	44.79	44.55		37.65	43.46	41.04
負債・資本合計	242,330	241,284	1,046	251,821	168,579	226,303

　粉飾訂正後初めての決算である07年3月期には，売上高は前年度の訂正後よりも9.5％増えて348,675百万円になっているが，貸倒引当金繰入額14,811百万円，棚卸資産評価損3,001百万円などで合計23,514百万円を特別損失に計上したため，当期純損益は9,874百万円の損失になった。不適切取引により水増しされた売上債権や棚卸資産の訂正は実行年度毎には行わず，07年3月期に一括特別損失に計上したことが推察される。

　08年3月期には，売上高は06年3月期（粉飾訂正後）の63.8％の204,296百万円に激減していて，経常損益の段階で605百万円の損失になり，減損損失や貸倒引当金繰入額などで14,322百万円の特別損失を計上したために，前年度に続いて13,091百万円の当期純損失を計上している。

　08／9期にも売上高は前年同期の104,400百万円の7.3％減の96,804百万円になり，半年間で6,524百万円の当期純損失を計上したのだが，この期にも，減損損失や事業再編損などで9,137百万円の特別損失を計上している。

　07年3月期からの2年半だけで累計額で29,489百万円の当期純損失を計上したのだが，06年3月期以前の不適切取引による損失の整理損が含まれていることを考慮に入れても，2年半の損失としては多過ぎる。

　不適切取引による取引以外でも含み損が発生していて蓄積されていたのを，この機会に整理したのかもしれない。日本たばこの100％子会社になるに際して，損の要素は全て整理して身軽になる，いわゆるビッグバス効果を狙った損失も含まれているのかもしれない。

　あるいは，08年3月期には売上高が激減していることから，経常的に大幅赤字体質に陥っていたのかもしれない。

　08／9期末における純資産は前年度より増えているが，これは期中に27,000百万円の増資を行ったからであり，増資がなければ純資産は65,868百万円に大きく減少していた。

　これらの結果を総合勘案すると，加ト吉では，収益力と財務内容が著しく悪化していて，独力での再建が困難視されたことから，日本たばこの100％子会社になる決定をしたことも考えられる。

　加卜吉グループのほかにも，循環取引に参加した企業があった模様で，名証一部上場の岡谷鋼機株式会社では，01から05年度までの 5 年間の連結売上高から合計211億円を減額訂正することを発表している（2007年 5 月23日付日本経済新聞による）。

1 会社概要

　第 2 節には，2013年12月16日に不適切会計処理の疑惑が公表された，東証第一部上場のリソー教育を取り上げる。

　2013年12月に公表された事案なので，会社概要は14年 2 月期有価証券報告書に基づいて記載する。

(1) 沿　　革

1985年 7 月　理想教育研究所という教室名で教室展開をスタート
　　　　　　　 1 クラス 6 名，学力別編成，100％正社員講師を基本として教育運営を行う。

1989年 5 月　名門会家庭教師センターを開設し家庭教師部門へ進出。

1990年 3 月　当社独自の「完全個室の 1 対 1 の個人授業システム」を開発し，教室名を「東京マンツーマンスクール」と改称。

1998年10月　「株式会社日本教育公社」から「株式会社リソー教育」に商号変更。

1998年12月　日本証券業協会に株式を店頭登録

2000年 3 月　「東京マンツーマンスクール」の愛称「TOMAS（トーマス）」を正式名称とする。

2001年 3 月　東京証券取引所市場第二部に株式を上場

2002年6月　東京証券取引所市場第一部に株式を上場

2003年1月　家庭教師派遣教育事業部門を分社化し株式会社名門会（当社
　　　　　　100％出資会社）を設立。名門幼稚園・名門小学校への受験指導
　　　　　　を目的として株式会社伸芽会を子会社化（当社100％出資会社）。

2013年10月　英語スクール事業を分社化し，株式会社インターTOMAS（当
　　　　　　社100％出資会社）を設立。

(2)　事業の内容

　株式会社リソー教育（以下，リソー教育という）では，「ひと部屋に生徒一人に先生一人」の全室黒板付きの完全個別指導を中心とした進学指導を主な事業としており，直営方式で「TOMAS（トーマス）」，医学部受験専門個別指導の「メディックTOMAS」を運営している。

　株式会社名門会（以下，名門会という）では，100％プロ社会人講師が個別指導する進学学習指導を主な事業として，「名門会家庭教師センター」を直営方式で運営している。

　株式会社伸芽会（以下，伸芽会という）では，名門幼稚園，名門小学校への受験指導を行う「伸芽会」，受験対応型の長時間英才事業及び託児事業を行う「伸芽'Sクラブ」を運営している。

　その他に，5社の子会社でそれぞれに教育指導事業などを行っているが，今回の第三者委員会の調査では対処外になっている。

(3)　連結業績概要（不適切会計処理訂正前）

　図表2-3はリソー教育の09年2月期から13年2月期までの，連結主要業績数値と純資産及び総資産金額の推移を示した表である。いずれの年度も上段が不適切会計処理訂正前，下段が訂正後の数値である。

<h3 style="text-align:center">図表2－3　リソー教育主要財務数値推移表</h3>

（単位：百万円）

	09年2月期	10年2月期	11年2月期	12年2月期	13年2月期
売上高（百万円）	16,305	17,348	18,752	20,147	21,788
	15,659	16,365	17,452	18429	19,815
経常利益（百万円）	1,673	2,506	2,663	2,771	2,736
	1,024	1,523	1,363	1,053	764
当期純利益（百万円）	661	1,372	1,367	1,295	1,528
	43	774	575	156	196
純資産額（百万円）	2,104	2,664	2,888	3,323	5,652
	1,077	1,039	472	−231	765
総資産額（百万円）	7,904	9,351	9,599	10,666	13,146
	8,055	9,909	10,706	12,424	15,432

2　不適切会計処理の概要

　リソー教育における不適切会計処理の概要を，2014年2月10日付リソー教育第三者委員会の報告書（要約）をもとに，要約・編集して以下に紹介する。

　なお，第三者委員会の報告書には，リソー教育，名門会および伸芽会についての売上の不適正処理が詳述されているが，3社に共通点が多いので，以下においては，リソー教育一社に焦点を絞って概要を紹介する。

(1)　本件の特質

　リソー教育グループにおける売上の不適正計上金額の累計額は，図表2－4で示したとおりリソー教育，名門会，及び伸芽会の3社合計で8,308百万円に及ぶ。当社グループの規模としては大規模なものである。

　本件不適切会計処理の特質は，経営トップの主導による粉飾決算とは異なり，現場の管理者が中心となって，それぞれの担当部署の売上目標を達成するため，部下社員に指示して売上の前倒し計上等の方法を使って敢行したという点にある。その原因の主たるものは創業者であり経営者であるA会長の売上重視の経営方針と，これに直結する短期の昇給，降給，降格等の人事評価制度にあり，

その結果，取締役や社員が売上目標達成のためには売上の不適正計上もやむをえないとの心情に陥ってこれを実行したといえる。加えて，上記経営方針のもと，売上に貢献する営業部門に焦点が当てられた結果，不適正計上のチェックをすべき管理部門の立場が弱くなり，また，内部監査室も有名無実の状態であったため，過去に監査法人から売上の不適正計上問題を指摘され，A会長において，再発防止策として後述のJシステム（契約・時間管理システム）を導入したにも関わらず，これを防ぐことができなかった。

(2)　リソー教育における商品と売上に関する会計処理

①　リソー教育の商品

a　通 常 授 業

　マンツーマン方式による授業を月単位で実施する商品であるが，あらかじめ「受講コースの選択，通年のカリキュラム編成，受講回数（一回90分で1コマと呼ぶ），授業の曜日・時間・科目の決定」等を内容とする受講契約によって役務の提供内容が確定する。リソー教育は月ごとの契約コマ数を当該月内で消化する責務を負い，受講生側は月謝方式で対価を支払う義務が生じる。

b　講 習 会

　春・夏・冬の一定期間内に集中して行うマンツーマン授業の商品である。「四半期別，受講回数（コマ数）」を内容とする受講契約によって，期間の定めがない役務の提供内容が確定する。リソー教育は概ね四半期の期間内を目途に，生徒が希望する日時に応じてコマ数を消化する義務を負い，受講生側には当該受講に応じて対価を支払う義務が生じる。

c　映像講座，グループ授業及びVトレ講座

　映像講座は，講義内容を撮影したDVDに，ビデオ・オン・デマンド（VOD）方式を組み込んだ教材販売類似商品であり「受講期間と受講時間」等を内容とする特別コース受講契約により役務の提供内容が確定する。リソー教育は，生徒が希望する時間帯に映像を視聴させる義務を負い，受講生

には，映像講座契約時にその対価を支払う義務が生じる。

(3) リソー教育における商品と売上に関する会計処理

通常授業については，コースに従って1回でも授業が行われた場合その月度の役務が開始し，1か月の月謝が発生する。したがって，コースに従って月1回でも授業を実施すれば当月1か月の売上が計上される。個別指導という性質上，通常授業と講習会の区分が必ずしも明確でなく，両者のコマ数が混在していることから，コマの消化問題が発生する余地がある。そのため，期中は月謝の請求をもって売上計上しているが，期末は通常授業の未消化コマ数に相当する額を前受金に振替えて売上を取り消している。

正確なコマ数の把握が重要な課題になるので，07年度から「Jシステム」と称する契約・時間割管理システムを導入している。しかし，Jシステムに登録されたコマ数には，「当日欠席」「社員授業」及び「ご祝儀」の仮装や，実際は講習会契約であるにもかかわらず，表向きは映像契約として処理したことに伴う隠れコマの存在などが含まれるため，実体を正確に把握できていなかった。

講習会の売上は講習会の実施時に計上される。この会計処理は妥当であると評価できる。映像口座の売上計上は契約時点とされていたが，キャンセルが多発したことなどを理由に12年9月から代金受領確認を条件とした契約時点に変更されている。

特異な売上計上の会計処理として，「当日欠席」，「社員授業」，及び「お祝儀」がある。

「当日欠席」とは，前日までに事前の連絡なく欠席した場合に，役務の提供があったものとみなして売上を計上するものである。

「社員授業」とは，専任講師としての社員が実施する授業であり，合理性を有する正当な役務提供であることから，コマ数が消化されたとして売上を計上するものである。

「ご祝儀」とは，生徒が未消化授業を残しながら志望校に合格して退会した場合や，生徒が転居等によって未消化授業が残った場合等に，教室の担当者が

保護者から明示・黙示による「前受金の返還は不要」との了解を得て，未消化
授業相当の売上を計上するものである。

　問題は，売上の数字目標に達しないときに，これらの方法を仮装して未消化
コマ数を減少させて売上を過大計上する不適切計上を許す土壌となっていたこ
とである。

(4)　本件不適切な会計処理の方法
①　「当日欠席」，「社員授業」及び「ご祝儀」の偽装
　売上の計上時期が授業実施時であるところ，授業未実施，すなわち未消化コ
マ数が多数残ると期末にその分を売上から差し引く（戻す）処理をすることに
なり，結果として売上高が減ることになることから，これを回避するための工
作として，「当日欠席」と「社員授業」を仮装して未消化コマ数を減らし，見
せかけの売上を増やした。その上で，「当日欠席」が多くなり過ぎるのを避け
るため，「当日欠席」等以外の手法として，「ご祝儀」があったように見せかけ
て未消化コマ数を減らし，売上を増やす工作をした。このような方法で，未消
化コマ数を減らし，授業実施コマ数をＪシステムに過大に登録すると，いずれ
消化コマ数が契約コマ数を超えることになる。この現象を「過消化」と呼んで
いた。

　「当日欠席」・「社員授業」・「ご祝儀」の仮装は，08年2月期から13／11期ま
での各期に行われた。これらの方法による売上の不適正計上は，各期で金額の
多寡があるが，その理由は，期によってブロック長の指示内容が偏ったり，教
室によって計上しやすい方法を選択したりしたことなどがあったと認められる。

②　映像講座等を利用した不適正売上
　09年2月期から映像講座を利用した売上の不適正計上が行われるようになっ
た。特に2008年7月頃から映像講座においてVOD方式が開始され，DVDの受
け渡しが不要となり，多額の売上の不適正計上が行われやすい環境となった。
VOD方式を含む映像講座は，契約時に売上計上することができたため，09／
2期から11／11期までの各期に映像講座を利用した売上不適正計上が行われた。

その方法は大別すると以下のように分類できる。

　ア　映像講座等の契約書の日付を遡らせ売上計上したもの，又は「仮伝（仮
　　伝票）」によって売上計上したもの

　イ　実際には契約成立の見込みがないのに，「映像講座」等の仮契約書を勝
　　手に作成するなどして売上を計上したもの（翌期には解約された形にする。）

　ウ　翌期の「講習会」契約について，表向きは「映像講座」等の契約書を作
　　成して売上計上したもの（その結果，翌期には授業実施義務がないにもかかわ
　　らず，実際には授業を実施することになり，「過消化」が生じる。）

③　その他の方法

　その他にも，例えば，「講習会」に関して，契約成立の見込みがないのに，
契約書を勝手に作成するなどして売上を計上したものもあり，監査法人の監査
を擦り抜けるために複数の方法を組みか合わせたり，過去の方法を応用したり
するなどして売上の不適正計上を行っていた。

３　不適切会計処理の財務諸表への影響額

　図表2－4はリソー教育連結ベースの不適切会計処理による売上高と純資産
への影響額の年度別推移表であり，会社別の内訳も記載してある。

　図表2－4によると，リソー教育連結ベースでの売上高の不適切計上額は，
08年2月期から13／8期までの累計額は8,308百万円である。売上高の不適切
計上額の会社別内訳は，リソー教育が5,261百万円，名門会が3,047百万円であ
る。

図表２－４　不適切な会計処理による影響額（連結財務諸表）

(単位：百万円)

不適切な会計処理	08年2月期(通期)	09年2月期(通期)	10年2月期(通期)	11年2月期(通期)	12年2月期(通期)	13年2月期(通期)	13／8(Q2期計)	計
訂正前の純資産額	2,520	2,104	2,663	2,887	3,323	5,651	11,291	
訂正前の売上	15,395	16,305	17,347	18,751	20,146	21,788	10,521	120,257
売上訂正 リソー教育	−338	−552	−697	−827	−1,214	−893	−738	−5,261
売上訂正 名門会	−57	−94	−285	−472	−503	−971	−662	−3,047
売上訂正 伸芽会	−	−	−	−	−	−64	64	−
売上訂正額計	−395	−646	−983	−1,300	−1,717	−1,929	−1,336	−8,308
訂正後の売上	14,999	15,659	16,364	17,451	18,429	19,858	9,185	111,948
影響 リソー教育	134	−143	−408	−777	−1,422	−2,803	−3,953	
影響 名門会	−148	−237	−233	−338	−618	−853	−1,766	
影響 伸芽会	−	−	−	−	−	27	−60	
影響 連結修正	−	−	−	−	204	697	1,270	
訂正後の純資産	2,111	1,076	1,039	472	−231	791	5,445	

(出典)　リソー教育第三者委員会報告書（要約）10頁から様式，用語など一部修正のうえ引用。

(1)　リソー教育における本件不適正計上額

　リソー教育の，売上高の不適切計上額5,261百万円の内訳は，在籍生に係る前受金の過少計上が2,645百万円，退会生に係る売上返戻等引当金の計上が累計で2,300百万円などである。

　純資産への影響額は，13／8期末現在で，訂正前の11,291百万円と訂正後の5,445百万円の差額の5,846百万円であり，この金額が08年２月期から13／8期までの当期純利益の不適切計上額の累計額になる。

　不適切会計処理による影響を算定するに当たって，「売上返戻等引当金」を新たに設定している。これは契約者からの返金又は授業実施等の申し出に備え

て，根拠資料の所在が不明な授業実施コマ数に授業料単価を乗じた金額を計上
したものである。なお，退会生については，当該金額から中途解除の場合に請
求しうる損害賠償の上限額を控除した金額を計上している。

4　監査法人の監査と不適切会計処理の経緯

　リソー教育では，07年2月期まではX監査法人が，08年2月期以降はY監査
法人が監査を担当しており，主として下記のような指摘や処置を行っている。

(1)　X法人の監査

ア　05年6月期（この年度まで6月決算であった）の夏期講習会に関し，未消
　化授業分1,116百万円を把握し，同期の業績予想を修正するよう指摘，リ
　ソー教育は前回発表予想を修正した。その上で，同監査法人に対し，指導
　回数管理簿に正確な記載を行うことなどを確約した。

イ　05／8中間期に，「当日欠席」が通常授業の売上の25％を占めているこ
　とに対し，会社側から「当日欠席」を確認できる資料が提出されなかった
　ため，その売上計上を否認した。

ウ　07年2月期に約600百万円の売上過大計上を指摘した。その方法は，次
　期実施予定の授業を先取して売上計上したものなど，いくつかのパターン
　があった。

　　X監査法人の指摘を受けたA会長は，中堅幹部社員であるブロック長か
　ら事情を聴取し，指摘された不適切な会計処理をしていたことを確認し，
　売上を総額599百万円減額修正した。

(2)　監査業務の引継ぎ

　X監査法人は，会社の体質改善の試みは見られるものの，実際に改善される
かは不透明な状況にあるとして07年2月期の監査終了をもって監査契約を継続
しないことを決めた。X監査法人からの辞任の意向が伝えられたリソー教育は，
Y監査法人に08年2月期の監査を依頼した。

　Y監査法人は，リソー教育関係者やX監査法人などから，リソー教育の不適正計上はブロック長らがノルマ達成のために行ったもので，経営者主導で行われたものではないとの情報を得た上，リソー教育から改善策が示されたことを受けて監査を受嘱した。

(3)　Y監査法人の監査

ア　07／8期中間監査にて，一部の教室で，契約日付を書き直す形で売上前倒し計上するなどで約27百万円の売上不適正計上を行っていることを指摘。
　　　内部監査室社員等に対し契約内容の入力を教室の社員でなく，本部社員に行わせることを指導すると共に，教室の内部監査を行うことを指導，リソー教育に改善報告書を提出させた。

イ　09年2月期の監査において，過消化コマの多い教室について，B社長に対し，書面による承認申請制度を設けるなど承認体制を整備する等の改善を求めた。

ウ　10年2月期の監査で，過消化コマの多い教室があったため，生徒毎に過消化コマの多い理由を明らかにさせると共に，本部による各教室の管理を徹底するよう指導した。Y監査法人は，この当時，過消化コマの多いことが売上過大計上に結びつくものとは認識しておらず，無料の授業が増えれば利益を圧迫するとの懸念から改善を求めたものであった。

エ　11年2月期の監査において，依然として過消化コマが多いことは経営上問題であるとの観点から，教育企画局長のD常務に対し，無料の授業実施について取締役の承認を得るシステムにすること等を指導した。

オ　12年2月期の監査において，過消化コマや未消化コマ数が前年度を大きく上回り，且つ，期末に「ご祝儀」名目で未消化コマ14万コマ余りを売上計上していることを把握した。Y監査法人は，「ご祝儀」コマの多い生徒について生徒別に理由書を提出させ，最終的に当該処理を了承する一方，B社長に対し，「来年度の経過を見て，その状況によっては管理体制・内部統制の見直しを求める。」旨を告げた。

カ　13年２月期においても「ご祝儀」による売上計上が多かったため，週１
　回授業の生徒に関して50コマ以上の未消化がある場合には「ご祝儀」によ
　る売上計上を認めない方針を採り，約190百万円の売上について減額修正
　させた。

　　　また，映像講座（VOD）契約の過去２年度の年度末の売上の解約率が４
　割程度に達したことから，２月の映像講座売上につき40％を控除した金額
　のみの売上計上を認めた。

キ　13／８期の監査において，往査したすべてにおいて過消化コマがあり，
　また，映像講座売上につき，ある教室で翌月の入金率が低く，その半数以
　上について解約又はコースダウンがなされていた。そのため，Ｃ専務らに
　対し，無理な契約をしているのではないかと指摘し「消化できないような
　高額の契約をしないこと」「高額の契約をするのなら，本部において契約
　どおりに授業が実施できるかモニタリングすること」等を指導した。

ク　Ｙ監査法人は教室の往査等を行い，問題を把握した場合はＢ社長らに改
　善を求めるなどすると共に，監査役や内部監査室長にも問題点を指摘する
　などしたが，本件の売上の不適正計上の実態を把握するには至らなかった。

5　不適切会計処理の動機・原因

　不適切な会計処理の動機につき，関与したリソーグループ関係者が異口同音
に述べているのは，売上目標（ノルマ）達成のためであったというものである。

　本件不適切会計処理の動機・原因は，営業成績至上主義の社内にあって，売
上目標（ノルマ）を達成することが社員らの至上命題となり，そのためには売
上の不適切計上もやむをえないという社内風土であった。

　不適切会計処理の動機・原因について，グループ関係者に共通しているので，
リソー教育について，項目別に説明する。

ア　売上数値目標について

　　　新年度期首に通期業績予想数値確定のための会議を開催し，各教室から提

出された売上目標数値，すなわち，Ａ（最大限の目標値），Ｂ（できればこのくらいは達成したい），Ｃ（最低限の達成目標数値）を基に通期業績予想値を確定する。

　各教室にはこれら売上目標が伝達され，各教室の社員，ブロック長，大ブロック長の達成目標となっていた。その上で，毎月１回開催される各会議で，各教室やブロックなどの目標達成状況が報告され，以降の対応策の検討が行われていた。

イ　業績評価と人事について

　Ａ会長の「営業成績を上げたものを速やかに抜擢する」との基本方針の下に２か月に１度の割合で人事評価を実施していたが，事業規模拡大に合わせ３か月に１度に改められた。

　リソー教育では，主として営業成績によって，「昇給，昇格，降給，降格基準」に基づき，短期間で昇降給・昇降格することが常態化し，営業成績至上主義が会社運営の基本となっていた。

ウ　管理部門が軽視され，売上計上のチェック機能を喪失していたこと

　リソー教育の社内組織は，教務企画局，経営企画本部，及び管理企画局の３部門によって構成されている。

　管理企画局は営業成績至上主義の社内にあって，その立場は弱く，その主張は軽視されがちであって，営業部門である教務企画局に対するチェック機能は形骸化し，事実上働いていなかったと言わざるを得ない。

　また，社長直属の内部監査室が設置されていたが，室長１名が配置されているだけであった。同室長は人事事務も担当していたので，それなりに問題意識をもって関係者からヒアリングするなどの監査業務を実施していたが，不適正計上を発見することはできなかった。

6　不適切会計処理に関する経営幹部の関わり

(1)　A 会 長

　過去にX監査法人から，売上の不適正計上を指摘され，A会長自らが対応に当たっている上，これほど大規模で組織的な不正をA会長が知らなかったというのも容易に納得し難いが，C専務以下の役員・幹部社員は，A会長については，売上の不適正計上に関与したことはなく，その認識はなかったはずであると述べている。ある幹部社員は，「自己保身もあり，また，不正を黙認するC専務らの手前もあって，A会長に事実を述べることはできなかった。」旨を涙ながらに心情を吐露しているが，その態度や言動に照らして信用性が低いとは断じえない。更に，X監査法人の指摘を受けて種々の再発防止策を検討し，数億円の費用をかけてJシステムを導入するなどしてきたことに鑑みれば，A会長が本件売上不適正計上に関与し，それを認識していたとは考えにくい。

(2)　B 社 長

　2012年6月に死去。

(3)　甲社長，乙局長及び丙副局長

　甲社長は，売上の不適正計上を知りながら黙認・放置していたことを自認していることから任務違反の事実は明白であり，その責任も大きい。乙，丙取締役は，2013年5月に取締役に就任したものであり，責任についてはこの点を考慮する必要がある。

7　訂正前財務諸表からどの程度まで粉飾が読み取れるか

　図表2-5は，08年2月期から13年2月期までの連結損益計算書の主要項目と連結貸借対照表の要旨の年度毎推移表で，最右列には13／8期の四半期の数

値も記載してある。いずれも不適切会計処理訂正前の数字だが，13年２月期と13／８期については訂正後の数値と影響額も列記してある。

図表２－５　リソー教育主要財務数値推移表

(単位：百万円)

	08年2月期	09年2月期	10年2月期	11年2月期	12年2月期	13年2月期	訂正後	影響額	13/8	訂正後	影響額
売 上 高	15,395	16,306	17,348	18,752	20,147	21,788	19,815	-1,973	10,522	9,209	-1,313
売 上 総 利 益	5,017	5,658	6,456	6,657	6,972	7,220	5,247	-1,973	2,771	1,458	-613
利 益 率	32.59	34.70	37.21	35.50	34.61	33.14	26.48	-7	19.68	15.83	-4
経 常 利 益	1,560	1,673	2,506	2,663	2,771	2,736	764	-1,972	468	-843	-1,311
税前当期純利益	1,112	1,239	2,495	2,425	2,491	2,818	846	-1,972	463	-849	-1,312
当 期 純 利 益	399	661	1,372	1,367	1,295	1,528	196	-1,332	184	-785	-969
現 金 預 金	2,849	1,447	1,416	1,330	2,169	3,789	3,789	0	4,078	4,078	0
授業料未収入金	383	1,437	2,424	2,836	2,068	2,427	2,193	-234	1,811	1,811	0
回 転 期 間	0.30	1.06	1.68	1.81	1.23	1.34	1.33		1.03	1.18	
棚 卸 資 産	64	75	85	85	112	117	117	0	141	141	0
回 転 期 間	0.05	0.06	0.06	0.05	0.07	0.06	0.07		0.08	0.09	
そ の 他	385	243	471	380	487	578	1,542	964	451	1,834	1,383
流 動 資 産 計	3,681	3,202	4,396	4,631	4,836	6,911	7,641	730	6,481	7,864	1,383
回 転 期 間	2.87	2.36	3.04	2.96	2.88	3.81	4.63		3.70	5.12	
有 形 固 定 資 産	1,730	1,732	1,908	2,077	2,585	2,896	2,896	0	6,583	6,583	0
無 形 固 定 資 産	372	310	223	162	116	110	110	0	468	468	0
投資その他資産	2,494	2,659	2,824	2,717	3,122	3,224	4,769	1,545	3,374	4,908	1,534
固 定 資 産 計	4,596	4,701	4,955	4,956	5,823	6,230	7,775	1,545	10,425	11,959	1,534
回 転 期 間	3.58	3.46	3.43	3.17	3.47	3.43	4.71		5.94	7.79	
繰 延 資 産	0	0	0	12	8	4	4	0	70	70	0
総 資 産	8,277	7,903	9,351	9,599	10,667	13,145	15,420	-2,275	16,976	19,893	-2,917
回 転 期 間	6.45	5.82	6.47	6.14	6.35	7.24	9.34		9.68	12.96	
仕 入 債 務	24	25	21	27	0	0	0	0	0	0	0
回 転 期 間	0.02	0.02	0.01	0.02	0.00	0.00	0.00		0.00	0.00	
借 入 金	3,305	2,586	2,996	3,417	3,158	2,969	2,969	0	1,175	1,175	0
借 入 金 依 存 度	39.93	32.72	32.04	35.60	29.61	22.59	19.25		6.92	5.91	
未 払 金	733	913	920	874	1197	1058	2,888	-1,830	1465	168	1,297
前 受 金	418	431	464	453	397	611	5,078	-4,467	676	6,662	-5,986
売上返戻等引当金	17	17	13	10	12	15	2,785	-2,770	16	2,752	-2,736
そ の 他 負 債	1,260	1,828	2,273	1,930	2,579	2,842	937	1,905	2,352	3,701	-1,349
負 債 合 計	5,757	5,800	6,687	6,711	7,343	7,495	14,657	-7,162	5,684	14,458	-8,774
回 転 期 間	4.49	4.27	4.63	4.29	4.37	4.13	8.88		6.48	18.84	
純 資 産	2,521	2,104	2,664	2,888	3,323	5,652	765	4,887	11,292	5,436	5,856
内利益剰余金	3,388	3,929	4,777	5,484	5,992	6,454	1,568	4,886	5,948	93	5,817
自 己 資 本 比 率	30.46	26.62	28.49	30.09	31.15	43.00	4.96		66.52	27.33	

　連結損益計算書では，売上増が続いているし，毎期純利益を計上していて，業績が順調に推移しているように見える。出来過ぎの感じがしないでもないが，

特に，著しい成長が続いているわけでなく，計数面からだけでは売上水増しなどの粉飾を指摘するのは困難と思われる。

　売上高の増加傾向が続いているが，スタート時の08年2月期，09年2月期にはリーマンショックの影響などで業績低迷期であることを考慮すると，図表2－4の期間ではほとんど成長がなかったと見ることもできる。

　貸借対照表の分析では，売上高水増しの粉飾は，売上債権などの資産水増しになるケースが多いので，先ず資産回転期間をチェックするのが常道である。

　図表2－4では，流動資産及び総資産の回転期間が上昇しているが，これは現金預金の増加によるものであり，売上債権や棚卸資産などの営業用資産はむしろ低下傾向にある。現金預金についても，それほど多額に増えたわけではないし，借入金を減らしていることから，利益計上による自然増と考えられる。資産からは，特に粉飾を疑わせる項目はない。

　問題は負債だが，負債を利用した粉飾は負債の隠蔽の形で行われるので，回転期間の短縮に注意する必要がある。図表2－4では負債回転期間はむしろ上昇傾向にあり，負債から粉飾を予想するのも困難である。

　訂正後の金額と影響額を見ると，未払金，前受金，その他の負債が，訂正後の残高が大きく膨らんでいて，実は，当社グループの80億円を超える粉飾の大部分は負債隠蔽により行われていた。ただ，負債の隠蔽は回転期間では発見できないことが多い。

　負債が膨らむのは，主に，資産が膨らむか，赤字の発生による。当社では資産は膨らんでいないので，赤字の発生によるのだが，当社では，表面上は赤字など出ていない。したがって，赤字を隠す粉飾の存在を見抜くのでなければ，発見は困難である。

　結論として，未払金や前受金などを利用した当社の粉飾は，計数面からの分析だけでは発見は困難であり，市場環境，同業社の動向，主要取扱商品や主要得意先のなどの質，経営者が売上第一主義者でないか，や，会社の雰囲気や内部統制制度の整備状況などの訂正要因の情報がなければ，発見は困難である。

8 　総　　　括

　本節も，経営者の業績至上主義が，役員や従業員を不適切な売上の計上に走らせた。経営者からのプレッシャーに加えて，経営者の管理部門のチェック機能軽視が，社内の不正行為などを防止するどころか，全社的な規模にまで広がるのを助長したものである。

　A会長は，過去に監査法人から度々不適切売上の指摘を受け，その防止策に自らが関与した経緯や，今回の不適切売上計上額の規模から見て，A会長が不正を知らなかったというのも容易に納得し難いが，第三者委員会のC専務以下の役員・幹部社員に対するヒアリングなどによる調査の結果では，A会長が不正に関与したり，不正を認識していたことを示す証拠など見つかっておらず，不正を認識し得いたとは考えにくいと，報告書に記載している。

　A会長には不正行為など容認する意思などなかったとしても，心の奥底では，社内で不正が蔓延する可能性を認識していた可能性がある。会社の業績などを考えて，心の中のどこかに不正を黙認する気持ちが生まれていたのに，無意識の内に自分は何も知らないと自己暗示を掛けていたのかもしれない。自己正当化が，良心や理性に蓋をして，粉飾を黙認させた可能性もある。

　いずれにしても，経営者は，営業部門に売上増などを要求して，プレッシャーをかけると，社内で，不正などに走る動きが出てくることを，常に認識して，管理部門のチェック機能の強化にも意を尽くす必要がある。経営者が人情家であるなどで社内での人気が高い場合でも，部下が経営者の気持ちに忖度して，あるいは経営者への忠誠心から，粉飾に走る恐れもある。

第3節
株式会社東芝の粉飾

1 不適切会計処理公開までの経緯

　2015年4月3日に，東芝は，主要事業の一つである社会インフラ事業において，工事進行基準に係る会計処理について調査を必要とする事項が判明したとして，社外の専門家を含む特別調査委員会を設置したことを公表した。

　5月8日には，工事進行基準案件以外にも，調査範囲を広げる必要のあることが判明したため，外部の専門家による第三者委員会の調査枠組みに移行することを発表した。

　第三者委員会の調査範囲は，工事進行基準案件のみならず，映像事業，半導体事業，パソコン事業など東芝のほぼ全事業に広げられた結果，報告書の入手は7月20日になり，500億円と予想していた修正額は，1,518億円に膨らんだ。

　その後も，調整や追加修正が続いた結果，東芝独自で進めていた自主チェックによる44億円を加えて，最終的には図表2－6のとおり修正額は税引前損益で2,248億円になり，税金費用等の影響額を控除した税引後損益で1,552億円になった。

図表2-6　不適切会計処理による年度毎売上高・利益嵩上げ額推移表

（単位：億円）

項目	09年3月	10年3月	11年3月	12年3月	13年3月	14年3月	14/12期	合計
売上高								
(i) 工事進行基準	-40	-0	53	-2	-30	-73	-37	-128
(ii) 経費先送り			-3	2	-5	-15	-21	
税引前損益								
① 第三者委員会指摘								
(i) 工事進行基準	-36	1	71	-79	-180	-245	-9	-477
(ii) 部品取引	-193	-291	112	-161	-310	-3	255	-592
(iii) 経費先送り	-53	-78	-82	32	-1	30	64	-88
(iv) 半導体在庫	-	-32	-16	-104	-368	165	-5	-360
小計	-282	-400	84	-312	-858	-54	304	-1,518
② 自主チェック	-6	-10	10	-2	-15	-13	-8	-44
③ 固定資産減損	-418	25	3	-490	148	137	155	-440
④ 派生影響等	-58	-30	-26	-36	-122	-56	82	-246
税引前損益影響額	-764	-415	71	-840	-847	14	533	-2,248
税金費用等影響額	211	73	134	171	207	80	-180	696
当期純損益影響額	-553	-342	205	-669	-640	94	353	-1,552

（注）　マイナスは利益嵩上げ，プラスは利益過小計上（嵩上利益の取消）の修正。

2　不適切会計処理の概要

　図表2-6の不適切会計処理の内，第三者委員会指摘事項についての主な手口を，表の項目番号順に以下に説明する。

(i) 工事進行基準

・　工事進行基準の適用に際して，見積工事原価総額を過小に見積ることにより工事進捗度を過大に設定して，過大設定分だけ売上げを先行計上する。

・　赤字になることが明らかになった四半期に工事損失引当金を計上する規則になっているが，工事原価総額を過小に見積って引当金計上を先送りする。

・　具体的裏付けのないコスト削減策によりコストを低く見積る。

・　トラブル発生に伴う付帯工事などについて費用の減額交渉をしていること等を理由に見積に含めない，など。

(ii)　部　品　取　引

・　映像事業及びパソコン事業において，ODM先（委託者のブランドで製品を生産するメーカー）に，調達価格を上回る一定のマスキング価格（調達価格の4〜8倍程度）にて部品を有償支給し，加工完了後に加工賃を上乗せした価格で買い戻す。部品支給時にマスキング値差を売上原価からマイナスして利益を計上するが，買戻時にマスキング値差を製造原価に戻して計上した利益を取り消す。ODM先からの未引取分については，利益が計上されたままになるのを悪用して，期末にODM先に部品の押込みにより利益を嵩上げする。

(iii)　経　費　計　上

・　発生主義で処理しなければならないものを現金主義で処理する。取引先に請求書の発行を遅らせてもらった上で，翌四半期に費用計上するなどの方法で，費用を先送りする。

・　メーカーに購入価格の値下げを要求し，要求が受け入れられる見込みが薄いのに仕入値引きで会計処理する，など。

(iv)　半導体在庫

・　特定顧客向けの在庫で販売が見込めなくなったものや，需要予測を誤って滞貨となった作りだめ在庫の損失計上を先送りする。

・　標準原価を厳しく設定し，発生した原価差異を半製品，仕掛品に過大に配賦して売上原価を過小にする。

3　不適切会計処理が行われた背景

　歴代の経営者は業績至上主義者であり，チャレンジと称して無理な予算達成を厳しく求めたことが全社的に会計不正に走らせる動機になった。

　第三者委員会報告書によると，各事業を営むカンパニーないし子会社の幹部は，社長月例会等の会議において，予算上求められた損益や損益改善要求（東芝では「チャレンジ」と称していた）の達成を強く求められていた。それも通常

の施策では達成できない無理な要求であったので，不適切な費用先送りの実行
などにより目標を達成するしかなかった。

　パソコン事業におけるODM部品の押込みは，経営トップを含めた組織的関
与の中，意図的に「見かけ上の当期利益の嵩上げ」をする目的の下に行われた
ものであり，上積みを「チャレンジ」として社長が要求したとされている。

　歴代の社長は，無理な予算の必達要求について「適切な会計処理の範囲内
で出来ると思った」，「具体的に指示したつもりはない」と反論した模様だが，
2015年11月7日，東芝は，「役員責任調査委員会」の報告に基づき，元社長な
ど5氏に対して任務懈怠があったとして損害賠償の訴訟を提起した。

4　不適切会計処理の動機について

　東芝の不適切会計処理は，上述のとおり，経営者は関与を否定しているので，
形式的にはカンパニーなどごとに行われた局地型粉飾である。しかし，経営者
が達成不能の無理な予算の必達を各カンパニーなどに強要していたのだから，
カンパニーなどでは粉飾に走らざるをえなかったもので，実質的には，会社ぐ
るみの粉飾である。

　東芝のような伝統があり，人材や制度が整備されている筈の超大型企業にお
いて，経営者が無理な予算を強要して，部下に不適切会計処理の実行に向かわ
せた背景を，東芝の業績や財政状態などの財務情報から検討してみたい。

　図表2－7は，06年3月期から14／12期までの，東芝の不適切会計処理訂正
前の主要連結財務数値の推移表である。

図表２－７　東芝主要連結業績・財務数値推移表（不適切会計処理訂正前）

（単位：10億円）

	06年3月期	07年3月期	08年3月期	09年3月期	10年3月期	11年3月期	12年3月期	13年3月期	14年3月期	14/12期
売上高	6,344	7,116	7,668	6,655	6,291	6,399	6,100	5,800	6,503	4,716
売上総利益	1,684	1,804	1,908	1,289	1,439	1,501	1,466	1,416	1,649	1,136
売上総利益率	26.54	25.35	24.88	19.37	22.88	23.46	24.03	24.41	25.36	24.09
営業利益	237	258	238	−250	125	240	206	194	292	164
税前利益	178	298	265	−279	25	196	152	156	181	135
当期純利益	78	137	127	−344	−20	138	74	77	51	72
現金預金	271	309	249	344	267	259	214	209	171	210
売上債権	1,254	1,372	1,312	1,083	1,184	1,124	1,308	1,372	1,506	1,486
回転期間（月）	2.37	2.31	2.05	1.95	2.23	2.11	2.57	2.87	2.78	2.84
棚卸資産	665	802	851	758	796	864	884	1,003	934	1,222
回転期間（月）	1.26	1.35	1.33	1.37	1.50	1.62	1.74	2.10	1.72	2.33
その他	457	508	517	536	515	553	595	576	598	759
流動資産計	2,647	2,991	2,929	2,721	2,762	2,800	3,001	3,160	3,209	3,677
回転期間（月）	5.01	5.04	4.58	4.91	5.19	5.25	5.90	6.62	5.92	7.02
有形固定資産	1,177	1,320	1,332	1,090	979	900	851	885	960	1,028
投融資	488	510	592	535	623	660	701	706	665	716
その他	416	1,110	1,081	1,108	1,088	1,019	1,177	1,349	1,407	1,555
内のれん	24	369	329	311	305	283	404	510	580	
固定資産計	2,081	2,940	3,005	2,733	2,690	2,579	2,729	2,940	3,032	3,299
回転期間（月）	3.94	4.96	4.70	4.93	5.06	4.84	5.37	6.16	5.59	6.30
総資産	4,728	5,931	5,934	5,454	5,452	5,379	5,730	6,100	6,241	6,976
回転期間（月）	8.94	10.00	9.29	9.83	10.25	10.09	11.27	12.78	11.52	13.31
仕入債務	1,101	1,365	1,224	1,004	1,192	1,194	1,293	1,190	1,200	1,336
回転期間（月）	2.08	2.30	1.92	1.81	2.24	2.24	2.54	2.49	2.21	2.55
借入金	968	1,158	1,261	1,811	1,218	1,081	1,236	1,472	1,388	1,596
借入金依存度	20.47	19.52	21.25	33.20	22.34	20.10	21.57	24.13	22.24	22.88
その他	1,498	1,976	2,058	1,879	1,914	1,925	1,966	2,022	2,001	2,135
負債計	3,567	4,499	4,543	4,694	4,324	4,200	4,495	4,684	4,589	5,067
回転期間（月）	6.75	7.59	7.11	8.46	8.13	7.88	8.84	9.81	8.47	9.67
純資産	1,160	1,433	1,392	759	1,128	1,180	1,237	1,416	1,652	1,909
内利益剰余金	570	682	774	395	375	552	596	635	652	690
自己資本比率	24.53	24.16	24.46	13.92	20.69	21.94	21.59	23.21	26.47	27.37

（注）　2014年12月期までは不正修正前の数値である。借入金＝短期借入金＋長期借入金＋社債

(1)　脆弱な財政状態が続いていること

　図表2－7でまず注目されるのは，日本を代表するトップ企業としては，自己資本比率が低いことである。大企業でも，リーマンショック後に赤字が続くなどして自己資本比率を大幅に低下させた企業が多いが，東芝では早い時期から自己資本比率が概ね20％台で推移していて，時には10％台に低下している。自己資本比率が低いのは，内部留保が少ないことに原因があるし，内部留保が少ないのは，収益力が弱いことに関係がある。

　日本公認会計士協会の監査基準委員会報告書240「財務諸表監査における不正」では，不正リスクの要因として，動機・プレッシャー，機会，姿勢・正当化の3要件を上げている。収益力が弱く自己資本比率が低いこと自体がエリート企業の経営者を粉飾に走らせる動機になるし，更に悪化して，金融機関の財務制限条項に抵触することに対する警戒心も，経営者を粉飾に向かわせる動機になる。経営者からのプレッシャーが，今度は従業員等を粉飾実行に向かわせる動機になる。

　自己資本比率は2012年度以降上昇傾向にあり，2014年度第3四半期末には27.37％になっているのは，不適切会計処理による嵩上げのほかに，円安による外貨換算調整額（為替換算調整勘定）のプラス額の増加が大きく寄与している。円安によるプラスは，円高になるとマイナスに変わる資産性の乏しいものである点に注意する必要がある。

(2)　高度成長期の悪習の名残

　高度成長期には，わが国企業では，業績低迷期の損失をできるだけ先送りして，景気回復期に処理をする，あるいは，好業績時に利益を隠して業績低迷期に吐き出す会計操作が広く行われていた。これはむしろ株主の利益のためであり，会社の長期的利益を守る方策であると信じていた経営者も多かった。

　高度成長期が過ぎて慢性的に景気低迷状態が続く時代になると，先送りした損失を処理する機会がなくなっているのに，同様の操作を続けたために，含み損が累増して経営破綻に繋がるケースが続出したのだが，東芝のような産業界

の模範になるべき会社でも，高度成長期の悪習が現在にまで生き延びていたことが推察される。

　歴代の社長が，厳しいチャレンジを要求したのは，隠蔽利益の吐き出しを期待してのものであり，粉飾による利益の嵩上げなど強要するものでなかった可能性もある。

(3)　内部統制の効果の無力化

　経営者主導の不適切会計処理では，内部統制の効果は期待できない。むしろ，経営者に忖度して，管理部門が現業部門の不適切会計処理の後押しをすることもある。東芝では，曖昧な会計処理規則を設定し，現業部門で適当に曲解して不適切会計処理を行うのを黙認していたのは，この表われだと思われる。

　内部統制を担う各組織やスタッフは，営業部門が稼ぐ利益により支えられている利益共同体に属する。多少疑問があっても，利益を出している営業部門の弁明を信じて正当化する傾向が見られる。

　内部統制によるチェック機能はあくまでも副次的効果によるもので，各組織では独自の機能の遂行が優先する。例えば，経理部門は，全グループの会計数値を集計して連結決算に持ち込むのが本来の業務である。主業務を遂行する過程において不正や誤謬を自動的に検出する機能が期待されるのだが，期日に遅れずに決算を公表するには，巧妙に仕組まれた不適切会計処理などを発見できないことも起こる。半ば故意に見逃しても，そこまで手が回らなかったと言い逃れができる。

　損失の先送りや利益隠蔽が常態化した職場では内部統制の効果が期待できない。内部統制は，全社的にルールを遵守し，不正を排除する気風と伝統が醸成されて，初めて効果をフルに発揮する。このような風潮や伝統は一朝一夕にして出来上がるものではなく，長年の経営者の理念や行動などを基に醸成されるものである。

5　16年３月期決算での構造改善

　東芝の不適切会計処理の訂正においては，新聞各紙や経済雑誌は，評価見直しの焦点になるのが"のれん"と予想していたが，東芝ではリスクを織り込んだ将来計画に基づく減損テストを実施した結果，減損は必要ないと判断して，減損は行わなかった。

　図表２－８は，"のれん"の06年３月期から15年３月期までの残高推移表である。

図表２－８　年度毎"のれん"増減額の原因別推移表（訂正後金額）

（単位：億円）

年　　度	期首残高	取得額	外貨換算調整	期末残高	備　　　考
06年３月期	202	26	14	242	
07年３月期	242	3,508	−64	3,685	ウエスティングハウス（WH社）買収
08年３月期	3,685	123	−523	3,286	
09年３月期	3,286	67	−245	3,107	
10年３月期	3,107	84	−137	3,054	
11年３月期	3,054	27	−246	2,835	
12年３月期	2,835	1,236	−29	4,042	WH社株式追加購入
13年３月期	4,042	491	549	5,082	
14年３月期	5,082	111	553	5,745	
15年３月期	5,745	266	727	6,738	

　東芝では，06年３月期末には242億円であった"のれん"残高が，ウエスティング・ハウス（以下，WH社という）を取得した07年３月期末には一挙に3,685億円に跳ね上がり，その後も増加を続けた結果，14年３月期末には5,745億円になった。不適切会計処理の訂正が行われた後の15年３月期末においても残高は6,738億円に増えている。13年３月期からの"のれん"の増加は，主に円安によるもので，15年３月期までの３年間に外貨換算調整額のプラスの増加により，"のれん"の簿価を1,829億円膨らませている。外貨換算調整額は円高

になれば剥げ落ちる資産性の乏しいものである。

　東芝では米国会計基準を採用しているので，"のれん"については減価償却を実施していない。その代りに，毎年1回減損テストを行っているが，これまでのところ減損の事由には該当しないとして，一度も減損を実施していない。

　東芝の"のれん"残高の大部分はWH社に関するものであり，当時高くても3,000億円といわれていたWH社株を6,000億円超で買収したとされている（2015年9月26日号，週刊東洋経済「くすぶり続ける米WH減損リスク」）。

　購入額が割高である上に，前述の外貨換算調整額が追加されて，現在の帳簿価額になった。WH社株を取得した当時は原子力発電所の重要性が再評価された時代であったが，福島第1原発事故で環境は一変して厳しいものになっている。このような事情から，今回の見直しでは多額の減損が必要になることが予想されたのだが，減損は行われなかった。

　15／9期末現在，WH社関連"のれん"残高は3,441億円であった。

　東芝では，これまでWH社の"のれん"について，減損計上が不要であるとして減損を行わなかったのだが，不要である理由などは何の報告もしていなかった。

　2015年11月7日付の16／3期第2四半期決算（決算資料）において，WH社単独決算では12年度および13年度の減損テストで一部プロダクトラインでの減損が必要になっていたことを公表した。この時も，減損を実施したのかどうか，実施した場合の減損額については何の報告もなかった。

　15年11月12日に，WH社単体では13年3月期と14年3月期に減損を計上して赤字に陥っていたことを日経ビジネスがスクープした。

　日経ビジネスの報道を受けて，東芝は11月17日及び27日に，WH社単体で13年3月期に926百万ドル（762億円），14年3月期に394百万ドル（394億円）の減損を計上して，純損益が赤字に陥っていたことを発表した。

　東芝の説明によると，WH社単体では，WH社内のプロジェクトごとに減損のテストを行い，減損の事由に該当するプロジェクト毎に減損を実施しているが，東芝連結では，WH社を含む原子力事業全体を単位に減損のテストを行っ

ていたので，減損事由には該当しなかったとしている。

WH社単体での"のれん"減損処理の実施状況は以下のとおりである。

	13年3月期	14年3月期
新 規 建 設	677百万ドル（557億円）	394百万ドル（394億円）
エンジニアリング	0	0
燃　　料	0	0
オートメーション	249百万ドル（205億円）	0
合　　計	926百万ドル（762億円）	394百万ドル（394億円）

減損処理の結果WH単体の決算では13年3月期には最終損益は866百万ドルの赤字になり，14年3月期には573百万ドルの赤字になった。

11月27日の発表では，東芝原子力事業とWHについての07年3期期以降の業績推移（売上高と営業利益）と，将来予測を発表している。図表2－9はWH社とWH社外に分けて整理した業績推移表である。

図表2－9　原子力事業業績推移表（15年11月27日発表）

(単位：億円)

年度	売 上 高						営 業 利 益					
	燃料等	建設	WH計	WH外	調整	合計	燃料等	建設	WH計	WH外	特損	合計
07/3	1,237	74	1,311	1,477	0	2,788	50	−36	14	168	0	182
08/3	2,844	294	3,138	1,474	0	4,612	171	−63	108	186	0	294
09/3	2,635	773	3,408	1,764	−7	5,165	113	−9	104	229	0	333
10/3	2,979	894	3,873	2,290	−26	6,137	131	3	134	282	0	416
11/3	2,930	1,007	3,937	2,403	−75	6,265	186	14	200	335	0	535
12/3	2,872	939	3,811	2,433	−175	6,069	150	5	155	297	0	452
13/3	3,164	793	3,957	2,044	−264	5,737	187	−97	90	57	0	147
14/3	3,328	763	4,091	1,750	−220	5,621	81	−196	−115	−243	0	−358
15/3	3,485	747	4,232	2,051	−105	6,178	242	−86	156	−185	0	−29
平均	2,830	698	3,529	1,965	−97	5,397	146	−52	94	125	0	219
16/3	4,000	700	4,700	1,900	0	6,600	400	−100	300	100	−100	300
17/3	4,100	400	4,500	2,100	−100	6,500	400	−100	300	200	−100	400
18/3	3,800	600	4,400	2,100	−100	6,400	400	0	400	200	−100	500
19/3〜	6,000	5,900	11,900	2,600	−500	14,000	700	600	1,300	200	0	1,500

　11月27日の報告書ではのれんの減損テストについての追加情報を発表しているのだが，この発表によると14年10月１日現在のWH社の公正価格は37億ドルで，帳簿価値の36億ドルを上回っていた。連結でも公正価値は8,100億円で帳簿価額の7,300億円を超えているので減損損失は認識されなかった。

　公正価値の計算には図表２-８の16年３月期以降の予想値がベースになっていると思われるが，15年３月期までの実績や原子力事業の現状から考えて，実現困難な希望的予想値である。

　16年５月23日に，東芝は16年３月期決算にて原子力事業で2,476億円の"のれん"の減損を実施することを発表した。減損実施の理由として，東芝の格付低下に伴う資本コストの上昇を見込み，減損テストでの割引率を9.5％から11％に引き上げたことを上げているが，子会社東芝メディカルが予想外の高値で売却できたことにより，減損の財源ができたことが本当の理由と思われる。

　16年６月22日に東芝では，16年３月期の決算発表を行ったが，その概要は次の図表２-10のとおりである。

図表２-10　16年３月期損益計算書要旨

売上高	56,701億円
売上総利益	8,550
販売費及び一般管理費	-12,688
"のれん"減損損失	2,950
営業損益	-7,087
営業外収益	2,347
営業外費用	-1,591
継続事業税引前当期純損益	-6,331
法人税等	-2,537
非支配持分控除前継続事業当期純損益	-8,869
非支配持分控除前非継続事業当期純損益	3,709
非支配持分控除前当期純損益	-5,160
非支配持分に帰属する当期純損益	-560
当社株主に帰属する当期純損益	-4,600

構造改革費用および一時的費用の内訳

	構造改善費用	主なのれん・固定資産減損	主な棚卸評価減不採算案件引当	合　計
電力・社会インフラ	56億円	3,089億円	869億円	4,014億円
Community Solution	80	1,068	30	1,178
電子デバイス	630	488	462	1,580
ライフスタイル	588	0	0	588
そ　の　他	107	－	53	160
全　社　合　計	1,461億円	4,645億円	1,414億円	7,520億円

6　原子力事業からの撤退

　東芝では，2016年3月期に非支配接分を含め5,160億円の損失を計上して，純資産を6,723億円（自己資本比率12.4％）にまで縮小させたのだが，合理化の甲斐があってか，16年4月期第2四半期には1,153億円の当社株主に帰属する純利益を計上し，純資産も6,981億円に増えた（自己資本比率14.45％）。17年3月期の通年の予想でも1,450億円の純利益を計上することになっていて，順調な再生への滑り出しとなったように見えた。

　2016年12月27日に，東芝は，米国の連結子会社WH社が15年末に買収した原子力の建設と総合的なサービスを担当するCB&Iストーン・アンド・ウェブスター社（以下，S&Wという）について，WH社では買収に伴うのれんの減損により数千億円規模の損失が発生する可能性が生じたことを発表した。

　S&W社買収については，2016年1月5日付けの東芝の報告では，WH社の買収価格が公正価格を上回る金額を約105億円と予想していて，この金額を暖簾に計上して減損処理することを考えていたようだが，その後の調査で原発工事での損失予想額が膨らんだ結果，最終的には，損失予想額が7,000億円にも上ることが明らかになった。その結果，東芝は16／12期において，S&W社の"のれん"の減損損失のため，連結株主資本が債務超過になることが報道された。

　WH社がS&W社を買収したのは次のような事情による。2008年にWH社が

獲得した米国における４件の原子力発電所建設契約について，福島原発事故後安全対策などの規制が厳しくなり，設計変更などで工期に遅れが生じていた。そのため，増加する工事費の負担を巡って，建設工事を担当するS&W社とWH社および施主との間で紛争が生じ，訴訟にまで発展する事態になった。WH社では，一括解決によりプロジェクト完工に注力し，工事をスムーズに進めるため，C&W社を完全子会社にして事態の打開を図ったのだが，工事費の増加がその後も膨らみ続けたために，S&W社の買収が裏目に出て，WH社の損失も大きく膨れ上がった。

　東芝では2017年２月14日に，16／12期の決算発表を行う予定だったが，当日になって，決算発表期限を17年３月14日まで延長する申請を行った。期限延長の理由として，WH社のS&W社買収に伴う取得価格配分手続の過程において内部統制の不備を示唆する内部通報があり，更なる調査が必要になったためと説明している。

　東芝ではその後，調査の結果変更される可能性のあることを前提に，非公式に16／12期の決算を発表したのだが，それによると，"のれん"の減損額は7,125億円になり，四半期純損失は4,999億円になるとのことであった。株主資本は1,912億円のマイナスになり，純資産も債務超過に近い681億円になる。

　東芝では，WH社のS&W社買収に伴うリスクについて正しい情報を持っていなかった模様で，買収の当事者のWH社でも巨額損失のリスクに気付いたのは16年10月初旬であったと言われている（週刊ダイヤモンド2017年２月11日号）。

　東芝では，WH社について，将来の原発プロジェクトの利益を見込んで，15／12期まで減損の必要性を否定していたが，WH社が08年に契約した原発プロジェクトが設計変更や工事の遅延などで工事費が大幅に増加する見通しとなったことを考えると，WH社自体の減損リスクについての認識からして甘すぎたことが指摘される。東芝で，リスクについての厳しい意識があれば，粉飾事件が明らかになって過年度に遡って決算書の訂正を行った15年３月期において，WH社の減損処理をしていたと思われる。WH社のS&W買収についても，すべての損失を抱え込むような安易な買収はしなかったと思われる。

　東芝では17年３月には，WH社等に対する米国連邦倒産法第11条に基づく再生手続きの開始によりWH社等を東芝グループから除外した。

第4節
ブロードメディア株式会社

　次に，連結子会社である株式会社釣りビジョンで，約10年にわたり架空取引が行われていたことを公表した，ジャスダック上場のブロードメディアの例を取り上げる。

　株式会社釣りビジョンでの架空取引は，映像制作業者Ａ社が受注した映像制作契約に釣りビジョンが介入して，Ａ社の資金繰りを支援する対価として，５％の謝礼を受け取る金融介入取引を偽装して行われたものである。実は，この取引はＡ社が仕組んだ架空取引であり，実質的には，Ａ社→釣りビジョン→Ａ社の経路による２社間の単純な循環取引であった。07年２月に開始して，17年２月に税務署の反面調査により，架空取引であることが判明するまで，約10年間もの間，何度も架空に気が付く機会があったのに，ブロードメディアも，釣りビジョンも，騙され続けた事件なので，騙しの手口や，騙され続けた側の対応と，内部統制制度の弱点など探る目的で，本章の終わりに取り上げた。

① 会社概要

　同社では，架空取引に関して，まず社内調査委員会を立ち上げ，18年４月20日には，第三者委員会を設置して，実態の調査を行い，調査報告書を公表しているので，同社の有価証券報告書と2018年５月23日付第三者委員会調査報告書をもとに，会社概要，架空取引開始から不正発覚までの経緯などを箇条書きにて記載する。

(1)　沿　　革

1996年9月　一般放送事業を行うため，スカイインターナショナル企画㈱の
　　　　　　商号で東京都中央区に設立された

2002年1月　クラビット株式会社に社名変更

2002年3月　大証ナスダックジャパン（現東証JASDAQスタンダード）に上場

2007年6月　クラビットからブロードメディア株式会社に社名変更

2007年7月　㈱釣りビジョンを子会社化

2015年3月　トーマツから仁智監査法人に監査人交替

(2)　概　　要

大株主の変遷

（単位：千株）

株主名	13年3期	14年3期	15年3期	16年3期	17年3期
楽天証券㈱				1,315	1,285
㈱SBI証券	417		231	1,783	1,226
藤田浩介					1,055
橋本太郎	619	619	619	619	1,019
SBBM株式会社	22,484	20,319	9,878		
SBMエンタテインメント ファンド2号	12,654	11,203	5,627		
SBIホールディングス㈱	9,564	6,831	3,374		
・・・					
発行済株式総数残高	66,724	66,724	69,224	69,224	69,852

代表取締役社長：橋本太郎（1996年ソフトバンク入社，2000年3月以来現職）

業績推移：図表2-11及び14参照

現在の事業内容：

　　コンテンツセグメント：クラウドゲームサービス等の提供，マルチデバイ
　　　　　　　　　　　　　ス向け動画配信，モバイル向けコンテンツ配信，
　　　　　　　　　　　　　通信制高校の運営など

　　放送セグメント：釣り専門番組「釣りビジョン」の製作など

2　株式会社釣りビジョン（連結子会社，粉飾実行者）の概要

(1) 沿　　革

1998年3月　CSデジタル放送向け番組製作を主目的に，「釣りチャンネル株式会社」設立。

1998年8月　スカイパーフェクトTV！のチャンネルにおいてコンテンツ供給開始。

2000年4月　総務省より委託放送事業者免許を取得，業種を番組制作会社から放送局に変更。

2000年5月　社名を「株式会社釣りビジョン」，チャンネル名を「釣りビジョン」に変更。

2001年4月　スタジオ生放送「五畳半の狼」を生放送開始。スタジオ番組「つりステーション」を放送開始。

2006年11月　ギガ・ブレーンズ株式会社の制作事業を事業譲渡により譲受，兵庫県芦屋市に「芦屋オフィス」を設置。

2009年10月　スカパー！HDの600チャンネルにおいて釣りビジョンHDを放送開始

2010年10月　総務省よりBS放送の委託放送事業者免許を取得。

2012年3月　BS放送において251チャンネル「BS釣りビジョン」を放送開始。

(2) 概　　要

代表取締役会長兼社長：橋本太郎（ブロードメディア代表取締役社長兼任）

代表取締役社長：有澤僚（17年6月からは取締役のみ）

本店所在地：東京都新宿区新宿3丁目9番2号

資　本　金：1,141百万円

業績推移：

図表2-11　売上高，経常利益，当期純利益，純資産，総資産推移表

（単位：百万円）

	13年3月期	14/年3月期	15年3月期	16年3月期	17年3月期
売上高	3,633	4,395	4,793	5,360	5,854
経常利益	−37	177	345	338	314
当期純利益	−56	75	297	217	221
純資産額	1,198	1,273	1,570	1,787	2,008
総資産額	1,834	1,925	2,221	2,379	2,571

従 業 員 数：約99名(18年3月1日現在)

株主構成（17／3期末現在）：

　　ブロードメディア株式会社　　　　　51.3%

　　株式会社シマノ　　　　　　　　　　33.6%

　　株式会社東北新社　　　　　　　　　15.1%

事 業 内 容：BSデジタル衛星放送，CSデジタル衛星放送，ケーブルテレビ
　　　　　　局における「釣りビジョン」の放送・配信・番組制作及び販売。

3　架空取引の概要と実行までの経緯

(1)　関 係 者

ブロードメディア（BM社）：社長甲氏(注)，監査役M氏

受　託　先：釣りビジョン（FV社），社長K氏，取締役L氏，常勤監査役O氏

業務委託先：A社，社長P氏

発 注 元：B社（氏），C社（氏），D社（氏），H社（氏），F法人（X代表
　　　　　　理事）

　（注）　第三者委員会の調査報告書ではA氏となっているが，A社と紛らわしいので
　　　　甲氏とした。

(2)　架空取引実行までの経緯

06年，A社のP氏は，FV社のK氏に対し，映像制作業務の発注元からA社

に対する発注について，元請けとして発注元とA社の間に入って貰える者の紹介を依頼した。A社は発注元との間の取引について，費用支出が先行し，且つ，映像制作発注元から入金まで数か月を要することを解消するためにK氏に協力を要請したものである。なお，FV社とA社はこれよりも前から，FVの番組の制作をA社に発注する関係であった。

　元請けとして取引に参加する謝礼として取引額の5％の利益を落とす条件であった。

　K氏はBM社のA社長に相談した。甲社長は，P氏が本件スキームを持ちかけた動機は，A社の資金繰りの確保にあり，これを否定する事情が見当たらなかったので，子会社のブロードメディア・スタジオ株式会社（BMS社）を受託先にして，本取引に介入することを決め，06年10月にFV社のL氏が稟議の起案人になり，K氏が決裁をした。

　甲社長はBMSに対し，A社との取引条件について，A社支払遅滞時の遅延損害金をペナルティとして入れること，2か月弁済停止時の一方的解除条項を入れること，翌年3月末までの期間とし自動更新はしないこと，取引上限額を2,000万円とすることを指示した。BMS社では同内容を盛り込み，発注上限額を2,000万円としてA社と契約した（P氏とR代表の連帯保証）。BMS社は2,000万円の範囲内で取引を開始した。

　A社からFVの番組に関して納期が遅れるとの連絡があり，BMS社はA社の資金繰りが行き詰まることを真剣に検討する。

　BMS社は，A社との取引すべてがFV社によって発注された仕事であり，グループ間での取引となることを理由に，取引解消を決定する。

　P氏がK氏に対し，BMS社に代わり元請けに入ることを要請。07年8月FV社とA社は業務委託基本契約書を作成する。発注額2,000万円の上限額は設定されず，FV社からA社に対する前渡金に限って2,000万円を上限として設定した。FV社はP氏自宅に抵当権を設定した。

　本件スキームでは次のようなフローが想定されていた。

①　発注元からA社へ担当者捺印済み発注書を手交・受理

② 　A社からFV社に当該発注書を手交，受理

③ 　A社が制作物を製作

④ 　A社からFV社に制作完了報告

⑤ 　請求書・納品書・確定見積書・返送用納品受取書をFV社からA社へ手交

⑥ 　A社が発注元宛に納品物及び書類一式を手交

⑦ 　納品物（映像）のコピーDVDをA社からFV社に手交

⑧ 　署名捺印済みの納品受領書が発注元から郵送にてFV社に送達

⑨ 　FV社がA社に対して代金支払

⑩ 　納品から3～4か月後に発注元からFV社に対して売掛金の入金

　FV社は前渡金に2,000万円の上限枠を設定し，A社P氏の自宅に抵当権を設定した。

本件架空取引の手口

　本件の取引は，実際には発注元からの発注は存在しない架空取引であった。具体的には，以下の手口で上記①から⑩のフローの手続きが行われた。

① 　A社が発注元名義の発注書を偽造（担当者印も偽造）

② 　A社からFV社に①の偽造発注書を交付

③ 　A社は過去に実際に制作した映像の流用や，動画サイト等からダウンロードした映像の加工により，制作物を偽造

④ 　A社からFV社に制作完了報告

⑤ 　請求書・納品書・確定見積書・返送用納品受取書をFV社からA社へ手交

⑥ 　A社が発注元宛名義で受領書を偽造（担当者印または発注元会社印も偽造）

⑦ 　A社は，③の偽物制作物をDVDに記録して，納品物（映像）のコピーDVDとしてFV社に手交

⑧ 　A社は，⑥の偽造納品書受領書を郵送にてFV社に送達

⑨ 　FV社がA社に対して代金支払

⑩ 　発注元からFV社への支払日に，A社がFV社に対して代金を送金（A

社は銀行窓口において，振り込み名義人を発注元として送金処理）

本件取引は07年2月から開始され，取引額は下記図表2－12のとおり年度毎に増えていった。

図表2－12　年度毎取引額推移表

年　　　度	入　金　額	期末債権残高
08年3月期	2百万円	9百万円
09年3月期	38百万円	
10年3月期	115百万円	29百万円
11年3月期	320百万円	105百万円
12年3月期	552百万円	195百万円
13年3月期	751百万円	331百万円
14年3月期	1,110百万円	467百万円
15年3月期	1,582百万円	663百万円
16年3月期	2,157百万円	841百万円
17年3月期	2,742百万円	1,062百万円
18年3月期	2,367百万円	

(3)　架空取引が発覚するまでの経緯

12年4月

FV社H内部監査室長から監査役O氏の意向を受けて，FV社で部門監査を実施しようとK社長に打診するが，K社長が強硬に反対したため実施できなかった。BM社甲社長はO氏が希望するならやるべきとH氏に回答するも，やはり実施できず。

12年8月

甲社長の指示で，BM社としてFV社のA社取引の業務監査を実施した。A社との取引は特殊な態様であることが理由であった。A社との取引実態からサンプル5件を抽出してL氏に対して一連の会計証憑の提出を要請した。

業務監査室は，広告代理店からの発注書に会社印がないことを指摘し，改善を求める。甲社長もこの指摘に同意した。

13年12月

FV社内部監査を実施した。その結果，すべての書類をA社経由とする取引

は問題である（FV社が発注元から受領すべき書類もA社から手交は問題）との指摘
があり，納品受取書は発注元からFV社に直送する方法に切り替えられた。（ただしP社長が偽造したことが後に判明）。

発注書印は担当者印から会社印に変更した（ただしP社長が偽造したことが後に判明）。FV社のA社取引稟議はL氏が起案兼決裁でK社長決裁であったところ，起案者M氏に交代した。但し，M氏はL氏から，はんこだけ押せばよいとの指示を受けていた。

16年4月の口座事件

L氏は，B社からの入金とF法人からの入金がいずれもFV社のA社への振込先銀行であるQ銀行の■■■■支店[1]からであることに疑問を持ち，過去の入金をチェックしたところ，毎回，FV社からA社に送金した後に，発注元から入金されているとの先後関係も判明する。これによりL氏は，A社とB社ないしD社等が組んで，裏で何らかの取引をしているのではないかとの疑いを抱いた。

翌日L氏が入金の件をK社長に相談したところ，K社長はP社長を呼んで確認。P社長は「先方に確認してみる」と回答する。

L氏とK社長は，BM社の甲社長に入金の件を報告した。甲社長はB取締役も呼び，両人からの説明を聴いたところ，取引件数と売掛残高を確認し，更には，両人に対して，残高確認を行っているか否かを尋ねた。これに対してK社長及びL氏は前年の残高確認は問題なく実施と回答し，両人はそれ以上の説明をすることはなかった。なお，FV社からA社への送金と発注元名義の入金の先後関係について甲社長に報告したか否か，甲社長がB社ないしD社でファクタリングを行っている可能性に言及したか否かについては，関係者の間で食い違いがある。

その後，P氏へのフォローは，K氏が電話して，「ちゃんと実在する取引なんですね」と念押しすることで終えた（なお，その後，両人が甲社長らに，この件

---

(1)　公表報告原文のまま。第三者委員会の報告書は，公表に際して，プライバシーに関わる事柄や社外秘事項は黒塗りで消されている。

について相談や報告等することはなかった）。

17年1月の成果物事件

　K社長がA社の納品したDVDの成果物を初めてチェックしたところ，価格に比してクオリティが低いことに疑惑を抱き，甲社長に相談した。甲社長は，価格についてK社長の個人的な見解ではないかと述べて，この日は終了した。

　翌日，K社長が更にDVDを確認したところ，別な矛盾点が見つかった。同日の夜にK社長はN氏へのメールで，明らかに盗作としか思えないものも含まれているので，P社長が印鑑を偽造していると考えるのが妥当である旨を指摘し，10億円をP社長が持ち逃げする可能性に言及した。改めて甲社長に相談すると，甲社長は「勝手な動きはするな，S氏を呼ぶから」と述べる。K社長は昨夜の疑惑は口にしなかった。

17年1月18日

　S氏をBM社に呼んで，B社グループとの取引に係る資料一式をS氏に渡して確認を依頼した。

　後日，S氏からK社長に電話があり，「良い取引をさせて頂いている。心配しないで良い。」との回答を受けた。

17年2月のA社税務調査事件

　2月7日，L氏に対し，税務署からA社の反面調査のためにFV社に入るとの連絡があり，その後の反面調査でFV社からA社宛の請求書を偽造していることが判明した。

　2月27日，A社の書類偽造についてK社長が甲社長に相談して，A社との取引に上限をかける議論となり，A社への発注上限を10億円と設定した。

17年12月の未入金と18年1月の発覚

　12月29日D社宛売掛金の内一部70百万円が未入金となった。

　年明けからL氏からD社のT氏に連絡を取ろうとするも，電話がつながらなかった。T氏からL氏に対して多忙を理由に面談を引き延ばすメールがあったが，これはP氏が偽のアカウントを取得して送信したものであった。

18年1月15日

Ｔ氏からＬ氏に電話があり，「ここ数年Ａ社とは取引なく，ＦＶとの取引も知らない」旨述べる。

18年1月16日

Ａ社代理人弁護士から，本件取引は開始当初よりすべて架空取引である旨，Ｄ社は一切関与していない旨，残額相当の支払いが不可能である旨の説明がされた。

(4)　偽装工作の態様

Ｐ社長は，発注元からＦＶ社へ入金がなされるよう入金を仮想し，架空債権を処理していた。この原資はＦＶ社からＡ社へ入金された資金であって，発注元とＦＶ社とのサイトと，ＦＶ社とＡ社との支払サイトの期間差を利用したものであった。

Ｐ社長は，架空発注元への会計監査人の残高確認書を自身で回収し，返送するという工作を行っていた。

回収に当たって，残高確認先に対して，「ＦＶからの残高確認書が届くが手違いなので回収させてほしい」といった趣旨の説明を行い，Ｔ氏，Ｘ氏，Ｄ氏から残高確認書を回収していた。

(5)　社内調査報告書が架空取引を阻止できなかった原因として指摘する事項

社内調査報告書が指摘する事項は，以下のとおりである。

① 納品物の確認は行っていたが，適切な人材を配置するなどの対処を行わなかったこと。

② ＦＶ社において，組織図，稟議規定，職務分掌規程等による統制体制が整備され，相互牽制等を想定した体制となっていたものの，その運営において，形式的なものに留まっていた部分があること。

③ 複数のクライアントが大手企業であり，且つ，入金遅延等も起こっていなかったこと。

④　内部監査によって，業務フローの一部が改善され，内部統制の運用は機能していたが，一部の改善に留まっていたこと等。

⑤　業務監査室の指摘により，本件に関る書面取扱等の業務フローが改善されており，内部統制の運用は機能していたことが認められるものの，さらなる改善をするべきであった。

⑥　本件に関る稟議手続きにつき，管理部長が起案し社長が決裁する方法を，業務監査室の指摘により，起案部署を営業企画室とする運用に変更していた。しかしながら，十分な引継ぎが行われなかったこと等により，起案者による十分な内容確認がなされていなかった。

⑦　納品物の確認に関して，その業務を行うに十分な知見が無いものが行っていた。

⑧　本件に関わる取引については，十分な牽制・意思疎通がなされない状況が形成されていた。

⑨　大口クライアントが信頼できる先であったとはいえ，与信管理が十分でなかったこと。

⑩　それ以外のクライアントについても与信調査が定期的ではなかったこと。

⑪　案件ごとの取引が大きくなかったこと等から取締役会付議事項ではなく，入金遅延等も発生していなかったこと等から，執行側から取締役会への十分な報告がなされていなかったこと。

(6)　BM社における有価証券報告書等の訂正

　第三者委員会等の調査報告を踏まえて，BM社では，14年3月期から17年3月期までの有価証券報告書と15／6期から17／12月期までの四半期報告書を訂正して訂正報告書を公開した。訂正により取り消された主な項目の水増額は図表2−13のとおりである。

図表2-13　売上等水増額の年度ごと推移表

	売　上　高	当期純利益	売　上　債　権	純　資　産
10年3月期	138百万円	9百万円	44百万円	
11年3月期	376	82	152	
12年3月期	612	53	239	
13年3月期	845	79	331百万円	368
14年3月期	1,187	80	467	497
15年3月期	1,647	240	663	898
16年3月期	2,163	87	842	1,073
17年3月期	2,744	103	1,063	1,277

4　不適切会計処理訂正前連結財務諸表による財務分析

　図表2-14, BM社の10年3月期から19年3月期までの業績・財務数値の年度毎推移表である。

　17年3月期までは, すべて不適切会計処理訂正前の金額であり, 下段に訂正後の主な損益項目及び売上債権（回転期間）, 総資産（回転期間）と純資産（自己資本比率）の年度毎の訂正後の金額を記載してある。

図表2−14　ブロードメディア要約損益計算書，貸借対照表推移表

（単位：百万円）

	10年3月期	11年3月期	12年3月期	13年3月期	14年3月期	15年3月期	16年3月期	17年3月期	18年3月期	19年3月期
売 上 高	10,527	13,928	12,485	12,969	12,302	11,919	12,118	13,158	10,801	11,124
売上総利益	4,382	4,665	4,493	4,187	3,946	2,825	3,719	4,096	3,845	4,023
利 益 率	41.63	33.49	35.99	32.28	32.08	23.70	30.69	31.13	35.60	36.17
経 常 利 益	611	830	800	−216	−1,134	−2,359	−199	134	82	203
税前純利益	1,561	739	571	−242	−333	−2,410	−779	−31	158	240
当期純利益	1,174	451	479	−425	−778	−2,581	−1,083	−350	47	168
現 金 預 金	2,652	2,997	3,531	2,961	2,748	2,398	1,432	2,304	1,617	1,869
売 上 債 権	1,668	1,605	1,875	1,998	1,669	1,968	2,061	2,211	1,298	1,100
回 転 期 間	1.90	1.38	1.80	1.85	1.63	1.98	2.04	2.02	1.44	1.19
棚 卸 資 産	115	133	138	249	744	182	227	158	133	157
番 組 勘 定	955	991	1,246	997	1,211	998	1,310	1,129	1,308	1,398
回 転 期 間	1.09	0.85	1.20	0.92	1.18	1.00	1.30	1.03	1.45	1.51
そ の 他	376	547	602	1,190	596	248	298	216	327	477
流動資産計	5,766	6,273	7,392	7,395	6,968	5,794	5,328	6,018	4,683	5,001
回 転 期 間	6.57	5.40	7.10	6.84	6.80	5.83	5.28	5.49	5.20	5.39
有形固定資産	518	488	1,328	1,783	1,719	1,602	1,038	784	759	625
無形固定資産	537	645	588	514	410	427	255	205	189	168
投資その他	2,505	2,270	2,505	2,838	2,002	1,154	972	793	904	764
固定資産計	3,560	3,403	4,421	5,135	4,131	3,183	2,265	1,782	1,852	1,557
回 転 期 間	4.06	2.93	4.25	4.75	4.03	3.20	2.24	1.63	2.06	1.68
総 資 産	9,326	9,676	11,813	12,530	11,099	8,977	7,593	7,800	6,535	6,558
回 転 期 間	10.63	8.34	11.35	11.59	10.83	9.04	7.52	7.11	7.26	7.07
買 掛 金	758	858	850	710	471	424	875	689	832	665
未 払 金	469	415	508	451	504	330	321	307	339	442
前 受 金	376	534	648	860	695	651	578	761	666	725
借 入 金	0	36	199	456	464	450	100	1,185	217	375
そ の 他	993	1,062	2,137	3,122	2,847	2,678	2,208	1,916	1,806	1,347
負 債 合 計	2,596	2,905	4,342	5,599	4,981	4,533	4,082	4,858	3,860	3,554
純資産合計	6,729	6,772	7,469	6,931	6,118	4,445	3,510	2,942	2,676	3,004
利益剰余金	1,390	1,841	2,192	1,569	694	−1,851	−2,934	−3,284	−3,977	−3,830
自己資本比率	72.15	69.99	63.23	55.32	55.12	49.52	46.23	37.72	40.95	45.81
訂　正　後										
売 上 高	10,389	13,550	11,873	12,124	11,115	10,272	9,955	10,414		
売上総利益				4,515	3,886	2,743	3,611	3,959		
利 益 率				37.24	34.96	26.70	36.27	38.02		
経 常 利 益				−253	−1,189	−2,440	−312	−12		
当期純利益				−504	−858	−2,821	−1,170	−453		
売 上 債 権				1,667	1,202	1,305	1,219	1,148		
回 転 期 間				1.65	1.30	1.52	1.47	1.32		
総 資 産	9,282	9,525	11,572	12,162	10,603	8,284	6,723	6,727		
回 転 期 間	10.72	8.44	11.70	12.04	11.45	9.68	8.10	7.75		
純資産合計	6,685	6,620	7,230	6,563	5,621	3,547	2,437	1,665		
自己資本比率	72.02	69.50	62.48	53.96	53.01	42.82	36.25	24.75		

　上段の訂正前の金額では売上高は100億円台から130億円台の間で上下していて，停滞状態が続いている。13年３月期以降17年３月期まで５年間当期純損益の赤字が続いている。

　長期間赤字が続いたのにも関わらず，17年３月期末においても自己資本比率は37.7％であり，借入金も少なく，財政状態はまだ健全性を保っている。これには，12年３月期末で自己資本比率が63.2％の高率であったことと，15年３月期に532百万円，17年３月期に75百万円の増資を行ったことが支えになっている。但し，両年度の増資がなくても17年３月期末の自己資本比率は30％であり，まだ余裕があった。

　総資産回転期間は13年３月期の11.6か月をピークにして，低下傾向が続いていて17年３月期には7.1か月にまで低下している。

　資産内容を項目別にみると，固定資産では，のれんとソフトウエア及び投資有価証券が多く，無形固定資産と投資その他の資産が膨らんでいたが，14年３月期以降減少していて，財テク資産などを整理して合理化を進めたことが推察される。

　流動資産では，売上債権回転期間が15年３月期頃から上昇が続き，14年３月期には1.63か月であった売上債権回転期間が16年３月期には2.04か月になっている。売上債権回転期間は，11年３月期の1.38か月や14年３月期の1.63か月を特異値として除くと，07年３月期以降では1.8～２か月台の間で変動しているので，15年３月期以降の上昇は異常な上昇とまでは言えない。

　棚卸資産・番組勘定などにも特に異常な動きは認められない。

　売上が低迷し，赤字が続いていることから，粉飾の動機づけが存在するが，資産内容についても，粉飾と断定できる兆候などは見つからない。17年３月期までの年次損益計算書，貸借対照表の分析では，粉飾などの異常を推定するのは困難と思われる。

5　総　　括

　第三者委員会の調査報告書では，本件では当社関係者への資金の流出などは見当たらず，本件が仮想取引であるとの認識はなかったとしている。

　また，当社の内部統制制度は，社内調査報告書が指摘しているように，一応は機能していたが，最後の詰めが足りなかった。疑惑を発見して，たとえそれが，不正の決定的な証拠になりうるものであっても，それ以上の追及はしないか，関係者のとおり一遍の釈明に納得して矛を収めてしまう。この態度は社長から担当までに共通していて，疑惑の追及が中途半端のまま幕引きをしてしまう。

　このような対応は，Ｐ氏が書類や印鑑を偽造するなど悪質な偽装工作を行っていたことや，ＢＭ社やＦＶ社でのスタッフ不足で手が回らなかったこともあったと思われるが，利益の財源を潰して全社の業績を低下させるのを恐れる気持ちが働いていたことも考えられる。

　会社業績に忖度して，関係者の釈明を信じて納得してしまう一種の自己正当化に走ったことが疑われる。

　本取引の利益がＦＶ社にとり重要な収益源になっていて，この利益がなければ赤字に転落する年度もあったくらいだから，それだけに本取引の利益に忖度する気持ちは大きかったと思われる

　経営者の売上第一主義などが，営業部門が粉飾に走る動機になるのと同様に，管理部門スタッフの不正行為見逃しに対する自己正当化が粉飾の発見を遅らせる重要な原因となったことが推察される。

第5節

事例のまとめ

　本章では4件の不適切会計処理の事例を紹介したが，うち3件は経営者の営業第一主義に忖度して，社内に不正会計が蔓延した結果，会社を危機状態にまで陥れた例である。

　会社の収益力が低下し，斜陽に向かったとき，情勢をいち早く察知して，改善の陣頭指揮をとるべき経営者が，叩けば叩くほど，絞れば絞るほど利益は出てくるとの考えから，過酷な必達予算を強要して，改善をスタッフに押し付ける安易な経営に徹したことから，主な営業部門では，改善よりも粉飾の道を選んで，収益力を更に弱める結果となった。

　東芝では，社内の各部署での不適切会計処理が発覚して，売上第一主義の経営姿勢に非難が集中した結果，構造改善に取り掛かったのだが，上場廃止になることを恐れて，問題の原子力事業での経営の実態を隠し続けたため，更に傷口を広げた末に，結局，原子力事業から撤退せざるをえなくなった。それでも，遅ればせながら構造改善を実行した結果，収益性は上向きに転じ，東京証券取引所及び名古屋証券取引所で市場第二部銘柄に格落ちしていたのを，2020年4月3日には，第一部銘柄への復帰を申請するところまで改善された。

　加ト吉は，日本たばこの100%子会社になって，証券市場から姿を消した。

　リソー教育では，2014年2月期には，27億円の当期純損失を計上し，利益剰余金が27億円のマイナスになり，純資産も27億円（自己資本比率16.1%）に減少したのだが，不適切会計処理を止めて正常状態に戻った15年2月期以降は，17年2月期の18.1%を除き，毎年度20%を超えるROEの当期純利益を計上し続けて，19年2月期末には，利益剰余金が41億円になり，純資産も63億円に増え

て，自己資本比率は49.9％になるなどで，完全に復活を果たした。

　ブロードメディアは，連結子会社の釣りビジョン（FV社）で，10年にわたり，映像制作の下請け先のA社が仕組んだ架空取引に介入して，不適切な売上高と利益を計上していた。

　A社が得意先から受注した映像制作契約の間に入って，契約履行のために発生するA社の運転資金負担を肩代わりする代わりに，取引ごとに5％の利益を獲得する取引であった。この取引は全て架空取引であったのだが，取引の手続きなどはすべてA社が行い，契約書や納品書などはA社で偽造していたので，FV社も親会社も10年もの長期にわたって騙され続けたことになっている。FV社は，契約条項に従ってA社に制作費を支払い，A社の指示に基づき請求書を発行して発注元から代金を受け取るだけで，他には何の手間もかからない単純な介入取引であった。

　取引が実行された証拠として，契約に合わせて偽造された制作物のDVDなどの提供を受けていた。偽造の制作物のなかには粗悪品も混じっていたとのことだし，それでなくても，業界事情に通じた関係者なら，10年の間には制作物の偽造に気付くチャンスもあったと思われる。それが，10年もの間架空取引が続けられたのは，親会社に対する忖度心から，利益を生み出す源泉の取引がなくなるのを恐れて，意識してか無意識でか分からないが，架空取引であることに無理に気付かないようにして，取引を自己正当化していたことも考えられる。

　親会社でも，利益に忖度して，臭いものに蓋をする態度に終始したことが推察される。

　粉飾には自己正当化が重要な役割を果たす。経営者は，不正を容認する気持ちがなくても，自己正当化により無意識に不正を見逃すことになるのを防ぐためにも，内部統制制度や社外取締役や，監査人などの力を借りる必要がある。したがって，自己防衛のためにもこれら組織が常に力を発揮できる状態を維持する努力が必要である。

第3章
海外子会社などでの
粉飾事例の研究

- ● 沖電気工業株式会社の粉飾
- ● 株式会社レスターホールディングス
  (旧㈱UKC) の粉飾
- ● 株式会社MTGの粉飾
- ● ユー・エム・シー・エレクトロニクス
  株式会社の粉飾
- ● 事例のまとめ
- ● 事例から見る三様の監査制度と効果
  について

第1節
沖電気工業株式会社の粉飾

1　スペインの曾孫会社で不適切会計

　沖電気工業株式会社（以下，OKI）では，海外連結子会社OKI SYSTEMS IBERICA S. A. U.（設立：1993年，所在国：スペイン，事業内容：プリンターの販売，以下OSIBという）において，売上債権の過大計上による不適切な会計処理が行われていたことが判明した。

　OSIBはOKIから見ると曾孫会社に当たり，その系図は下記のとおりである。

（親会社）　　沖電気工業㈱（OKI）
　　　　　　　↓　100％所有
（子会社）　　㈱沖データ（ODC）……………………………OKIのプリンタ事業を担当
　　　　　　　↓　100％所有
（孫会社）　　OKI EUROPE LTD（OEL）………………欧州市場販売を統括
　　　　　　　↓　100％所有
（曾孫会社）　OKI SYSTEMS IBERICA S.A.U.（OSIB）…スペイン，ポルトガルを担当

　OSIB社代表：A氏

　OKIでは，2012年8月7日には外部有識者による調査委員会（以下，外部調査委員会）を設置し，客観的かつ徹底した全容解明および再発防止策の検討等に取り組んできたことを発表した。

　2012年9月11日付で外部調査委員会の調査報告書を受け取り，同日付の「当社海外連結子会社の不適切な会計処理に関する調査結果等について」にて調査報告書の要約版を公表した。

　以下において，外部調査報告書要約版及びOKIの有価証券報告書などをもとに，OSIBにおける不適切会計処理の概要と不適切会計処理が行われた原因や，長年，発見できなかった原因などを検討する。

② 不適切会計処理の概要

(1)　プリンタ事業における過度な押込み販売

　OSIBは2012年3月時点で，従業員が95名（ただし，日本人職員は0名）おり，事業部も複数存在したものの，その事業運営は1993年の設立以来，A氏の統括の下で行われてきた。

　OSIBにおけるプリンタ及びトナー等の関連消耗品は，ディストリビューターを通じて小売業者に販売される。A氏は，スペインのプリンタ市場におけるブランド力でそれほど優位性のなかったOKI製品を販売促進する施策として，中小零細規模のディストリビューターにOKI製品を独占的に販売させることで，独自の流通・販売経路を確立し，06年3月期までプリンタ及び関連消耗品の販売量を飛躍的に伸ばしてきた。

　このため，ディストリビューターの多くでは，各社の卸売総量の大部分をOKI製品が占め，実質的にOSIB専属ディストリビューターとなっていた。

　こうした実質的にOSIB専属のディストリビューターには中小零細規模の会社が多く，大量の在庫を抱えるだけの資金力がなかったが，小売業者からの発注に応じて，適時に製品を納入するために適量の流通在庫を維持する必要があった。

　OSIBでは，ディストリビューターから小売業者への販売（以下「Sell out」という）数量を見ながら製品をOSIBからディストリビューターへ納入する（以下「Sell in」という）ことにより実質的にOSIB専属のディストリビューターにあるプリンタ及び関連消耗品の流通在庫を調整していた。なお，ここで流通在庫とは，ディストリビューターが所有するOKI製品在庫のことを言い，社内では「チャネル在庫」，「ディストリビューター在庫」ともいわれるが同義である。

07年 3 月期以降，プリンタ本体の販売量が減少傾向にある中で，OSIBは予算達成のため利益率の高い消耗品の値上げを 2 期連続で行ったが，08年 9 月に起きたいわゆるリーマンショックを契機にスペインの国内景気が急激に悪化したことから，OSIBでは，OEL及びOSIBを含む傘下の販売子会社の予算達成のため消耗品を中心にリベートが急増するとともに過度な押し込み販売が行われるようになった。過度な押し込み販売とは，Sell outを大幅に超えてディストリビューターにSell inすることであるが，OSIBはこの方法によってOELの売上予算の達成に大きく貢献することができた。一方でリベートが急増したことによって粗利率は年々低下していった。

(2)　大量の流通在庫の発生と滞留債権の増加

OSIBが過度な押し込み販売を行えば，ディストリビューターには大量の流通在庫が積み上がることになるが，その多くは大量の在庫を抱えるだけの資金力がないため，OSIBに対して仕入債務の支払いの全部又は一部を遅延させることで資金面での支援を行うよう求めた。OSIBではこうした資金難に陥ったディストリビューターを支援するために，売上債権の支払猶予に応じたことから未回収の売上債権が大幅に増加した。

本調査において，OSIBの外部倉庫に保管されている在庫には，ディストリビューター名義の在庫になっているが，その倉庫保管料等を含む在庫維持管理費用をOSIBが負担しているものが発見された。

これは，OSIBがディストリビューターに過度な押し込み販売を行った際に，売上及び商品の出荷に関する会計処理は行うが，実際の商品は出荷せずにOSIBの外部倉庫に継続して保管していたものである。この取引に係る売上債権の回収可能性が不確実である点を鑑みても，売上計上基準を満たしていなかったと認定される。

(3)　滞留債権の回収偽装

OSIBでは，ディストリビューターが過剰な在庫を抱え，支払が停滞しそう

になると，OSIBは一旦売上請求を取り消し，新しい日付で実態を伴わない売上請求書を発行する。このような会計処理を繰り返すことにより，回収遅延債権を正常債権に偽装していた。

　長期化した売上債権を流動化し運転資金を調達するため，ファクタリングを実施する一方，同時に当該売上債権を手形で回収し，金融機関に割引を依頼して換金することにより，同一の売掛金から二重に資金調達を行う不正処理を行っていた。

　実体を伴わない売上債権の不正計上もあった。更に，実態のない売上債権をファクタリングで確保した資金をディストリビューターに提供して，OSIBに送金させるなどの，決済の偽装を行っていた。

(4)　テレビ販売活動での売掛金隠蔽と債務未計上

　OSIBは06年より，自主事業として仲介業者（Q社）を通じてテレビ販売を行ってきた。近年の液晶テレビの価格競争激化によりQ社の資金繰りが悪化したため，資金支援を目的に不正処理が行われた。この資金支援実施の背景には，OSIBにおいて大きなビジネスに成長してしまったテレビ販売活動を止めるわけにはいかなかったことや，Q社との密接な関係を維持することにあったと思われる。

　これら不正を大別すると，Q社に対する売上債権を隠蔽するために行われた処理と，テレビ製造会社（R社）に対するQ社の仕入債務を肩代わりするために行われた処理の2パターンがあった。

　売上債権の隠蔽においては，実在しない未着品と在庫及び預金，借入金，他社からの入金等を流用したQ社売上債権の減額偽装が行われていた。また，仕入債務の肩代わりにおいては，実質連帯保証となっていた債務を計上せず，隠蔽する不適切な処理が行われていた。

(5)　その他の不適切な会計処理

　上記以外に，具体的にはディストリビューターに対するリベート負担額の未

計上，OSIBから前OSIB社長A氏個人に対する貸付，販売先からの前受金を計上せず，当該取引以外の売掛金消込に充当する会計処理，借入金を売掛金の減少と偽った会計処理もあった。

3　不適切会計処理の原因分析

(1)　不適切な会計処理の動機

　前OSIB社長A氏によると，不適切会計処理に至った動機は，資金的に行き詰ったディストリビューターの資金繰りを支援することがOEL，ODCの売上確保に繋がると考えていたことなどを挙げている。A氏はOSIBを立ち上げ，独自で取引先を開拓してプリンタ事業を急伸させたことから，ODCにおいてカリスマ的地位にあった。その評価を維持するためや，各年度の業績に連動して支払われるボーナスを維持するため，プリンタ事業が収縮する中でも無理をして予算達成を図ろうと考えた可能性がある。

(2)　OSIBの暴走を止められなかった理由

　OSIBに対し，外部倉庫の使用や独自の資金調達（ファクタリング等）を認めるなど，不正処理を可能にする環境を与えたことが，本件発生の一因となった。外部倉庫は，出荷実態のない架空売上等の不正処理に悪用されていた。また，独自の資金調達は，不正発見を遅らせ拡大させる原因となった。

　A氏は，OSIBの設立以来一貫してOSIBの実務をすべて掌握していたこと，更に，スペインにおけるプリンタのシェアを急伸させるといった実績があり，ODCやOELの中にでも，経営者として高い評価が固定化しており，同氏に対して疑問をぶつけることや，同氏の方針と異なる提案をすることは容易でなく，実際，同氏の反対を排して，計画を実践するということはほとんどなかった。ディストリビューターもOSIBから製品供給を受ける立場にあるため，意向に逆らうことはしなかったと推察される。

(3)　ODCについて

　ODCは，OKIからの期待に応えるため，景気動向やプリンタ市場におけ
る変動等を十分に考慮せず，積極的な販売計画による収益確保を優先させて，
OELに高い目標達成の指示を出し，OELは配下の各販売子会社，特に有力な
販売子会社であるOSIBに対し，販売実力を超える高い目標を課した。A氏は
高い目標達成による自身の地位向上や報酬アップを動機とし，与えられた目標
達成に邁進した。

　OSIBには他の販売子会社には認められていない外部倉庫の使用，独自の資
金調達，会計システムのカスタマイズ，プリンタ製品以外の販売取り扱いなど
の許可が与えられていた。各種許可をOSIBに与えた時点においては合理的な
理由があったと思われるが，時間経過とともにその扱いの合理性を検証すべき
であり，その検証をODC及びOELは行わなかったことも本件を誘発し，その
規模を拡大させた一因であると考えられる。

　また，内部監査制度はもっていたものの，OELに内部監査機能はなく，
ODCにおいても脆弱な体制により内部監査制度は十分機能していなかったこ
とも考えられる。内部通報制度も有しているもののその徹底がなされていな
かった。

(4)　OKIについて

　OKIは，2011年6月以降，ODCからOSIBの問題点に関する報告を受け，さ
らなる実態の把握，及び改善策についての指示を行ってきたが，会計処理の適
正性については，会計監査人等に相談するなどの対応を取らなかったため，問
題の解決に時間を費やすこととなった。

　また，OKIでは財務報告に係る内部統制の有効性評価を支援するための部署
を監査室内に設置している。OSIBはOKIの連結財務諸表に及ぼす影響の重要
性の高い会社に位置付けられており，全社的な内部統制だけでなく，売上，仕
入れ，在庫等の重要な業務プロセスに係る内部統制を含めて，経営者による評

価を実施することになっている。しかし，テレビ販売活動がOSIBの約半数を占める状態になっても，プリンタ事業とは異なるリスク特性を有しているテレビ販売活動についての状況が当該部署に伝達されず，結果的に内部統制が有効であるとの評価を変えなかった。

4　連結財務諸表への影響

(1)　当期純利益累計で308億円の水増し

OKI連結業績に与える影響額については，07年3月期期首から，12／6期までの6年3か月間の累計で，売上高が75億円減少し，営業利益が216億円の損失，当期純利益が308億円の損失となることが判明した。

外部調査委員会の調査において，当初80億円と見込んでいた売上債権の過大計上による影響は，VAT（付加価値税）の費用計上および過年度発生額のユーロ為替の円換算影響により126億円に増加し，更に，今回の調査で新たには判明した未払いリベート等の債務が28億円あり，累計では当期純利益は154億円の損失になった。

この不適切会計処理により滞留期間が適正に把握されていなかった債権全般について，その回収可能性を再検討した結果，今回の調査で新たに判明したテレビ販売活動に関わる仕入債務等の未認識債務74億円，及びその他の売掛金に対し貸倒引当金を80億円計上し，累計の当期純利益は154億円の損失になり，合わせて累計の当期純利益は308億円の損失となった。

(2)　科目別影響額の内訳

OKIでは2012年9月14日付にて，08年3月期から12年3月期までの有価証券報告書と当該期間内の四半期報告書の訂正報告書を公開している。

図表3－1は，OKIの06年3月期から12／6期までの，売上高，経常利益，当期純利益，純資産，総資産の訂正前，訂正後，影響合計額及び影響率の推移表である。

図表３−１　沖電気工業年度毎影響額合計表

（単位：百万円）

年　度		訂正前	訂正後	影響額	影響率（％）
06年 3月期	当 期 純 利 益	−	−	−7,909	−
	純　　資　　産	140,223	132,204	−8,019	−5.7
	総　　資　　産	618,859	624,066	5,207	0.8
07年 3月期	売　　上　　高	718,767	716,967	−1,800	−0.3
	経　常　利　益	−12,762	−13,934	−1,172	−
	当 期 純 利 益	−36,446	−37,775	−1,329	−
	純　　資　　産	115,973	105,921	−10,052	−8.7
	総　　資　　産	628,398	632,830	4,432	0.7
08年 3月期	売　　上　　高	719,677	719,756	79	0.0
	経　常　利　益	−3,887	−4,702	−815	−
	当 期 純 利 益	567	−313	−880	−
	純　　資　　産	101,376	90,138	−11,238	−11.1
	総　　資　　産	570,819	574,371	3,552	0.6
09年 3月期	売　　上　　高	545,680	544,529	−1,151	−0.2
	経　常　利　益	−6,189	−7,228	−1,039	−
	当 期 純 利 益	−45,011	−48,188	−3,177	−
	純　　資　　産	58,683	48,408	−10,275	−17.5
	総　　資　　産	396,963	398,188	1,225	0.3
10年 3月期	売　　上　　高	443,949	442,949	−1,000	−0.2
	経　常　利　益	8,769	1,320	−7,449	−84.9
	当 期 純 利 益	3,619	−3,836	−7,455	−
	純　　資　　産	64,810	47,607	−17,203	−26.5
	総　　資　　産	383,640	377,894	−5,746	−1.5
11年 3月期	売　　上　　高	432,685	432,651	−34	0.0
	経　常　利　益	5,906	1,166	−4,740	−80.3
	当 期 純 利 益	−27,001	−31,809	−4,808	−
	純　　資　　産	59,903	38,859	−21,044	−35.1
	総　　資　　産	372,192	368,822	−3,370	−0.9
12年 3月期	売　　上　　高	428,104	423,480	−4,624	−1.1
	経　常　利　益	14,550	9,075	−5,475	−37.6
	当 期 純 利 益	8,000	1,555	−6,445	−80.6
	純　　資　　産	67,524	41,251	−26,273	−38.9
	総　　資　　産	374,829	368,065	−6,764	−1.8
12年 6月期	売　　上　　高	−	−	1,034	−
	経　常　利　益	−	−	−821	−
	当 期 純 利 益	−	−	−821	−
	純　　資　　産	−	−	−24,434	−
	総　　資　　産	−	−	−8,053	−
合　計	売　　上　　高	−	−	−7,496	−
	経　常　利　益	−	−	−21,510	−
	当 期 純 利 益	−	−	−30,824	−
	純　　資　　産	−	−	−24,434	−
	総　　資　　産	−	−	−8,053	−

（出典）　2012年９月11日付OKI適時開示「当社海外連結子会社の不適切な会計処理に関する調査
結果等について」。

なお，要因別影響額は下記のとおりである。

	円換算金額	ユーロ建て金額
実態を伴わない売上と売掛金等の取消	−12,555百万円	−96ユーロ
売上計上基準を満たさない流通在庫に係る売上・売掛金の取消	−667	−5
ディストリビューターに対するリベート負担額の未計上に係る売上・売掛金の取消	−2,062	−19
その他	−97	−1
外部調査報告書による影響額	−15,381	−120
債権回収可能性再検討による影響額	−15,443	−128
合　　計	−30,824	−248

(3)　財務分析で不適切会計処理を見抜けるか

　図表3−1によると，損益での不適正会計処理の影響額は，売上高では最大の12年3月期においても−4,624百万円，率にして−1.1％である。また，この期間には売上高の水増しにも関らず，減収が続いていることなどから，利益水増しの不正会計処理の存在を見抜くのは困難と思われる。

　図表3−2は，06年3月期から13年3月期までの要約貸借対照表の推移表であり，12年3月期までは訂正前の金額及び残高だが，12年3月期については訂正前と訂正後及び影響額も記載してある。13年3月期は不正会計を中止して正常化した金額などである。主な項目については回転期間（有利子負債には構成比率，純資産には自己資本比率）も記載してある。

図表３－２　沖電気工業株式会社連結業績・財務推移表（12／３期までは粉飾訂正前）

(単位：百万円)

	06年3月期	07年3月期	08年3月期	09年3月期	10年3月期	11年3月期	12年3月期	訂正後	影響額	13年3月期
（損益計算書，貸借対照表）										
売　上　高	680,526	718,767	719,677	545,680	443,949	432,685	428,104	423,480	-4,618	455,824
売上総利益	166,043	157,949	165,334	135,021	121,388	114,097	111,113	106,541	-4,572	118,417
利　益　率	24.40	21.97	22.97	24.74	27.34	26.37	25.95	25.16		25.98
販売管理費	155,449	163,359	159,134	134,611	107,431	103,048	93,697	94,560	863	104,942
営 業 利 益	10,594	-5,410	6,200	410	13,957	11,049	17,416	11,981	-5,435	13,475
経 常 利 益	7,240	-12,762	-3,887	-6,189	8,768	5,906	14,550	9,075	-5,475	20,304
当期純利益	5,058	-36,446	567	-45,011	3,619	-27,001	8,000	1,555	-6,445	13,599
現 金 預 金	34,618	45,995	46,379	61,706	57,844	45,959	46,087	45,193	-894	29,904
回 転 期 間	0.61	0.77	0.77	1.36	1.56	1.27	1.29	1.28		0.79
売 上 債 権	150,841	164,794	166,916	117,705	118,324	113,729	111,160	112,137	977	123,886
回 転 期 間	2.66	2.75	2.78	2.59	3.20	3.15	3.12	3.18		3.26
棚 卸 資 産	166,899	167,513	138,853	80,253	62,825	64,943	67,861	68,226	365	74,961
回 転 期 間	2.94	2.80	2.32	1.76	1.70	1.80	1.90	1.93		1.97
そ の 他	26,981	26,859	22,186	15,583	29,124	48,433	55,544	48,332	-7,212	18,243
回 転 期 間	0.48	0.45	0.37	0.34	0.79	1.34	1.56	1.37		0.48
流動資産計	379,339	405,161	374,334	275,247	268,117	273,064	280,652	273,888	-6,764	246,994
回 転 期 間	6.69	6.76	6.24	6.05	7.25	7.57	7.87	7.76		6.50
有形固定資産	125,223	129,696	125,788	61,170	56,155	53,134	52,592	52,592	0	57,829
回 転 期 間	2.21	2.17	2.10	1.35	1.52	1.47	1.47	1.49		1.52
無形固定資産	16,068	17,593	15,804	12,315	10,060	7,791	7,026	7,026	0	7,655
投資その他	98,227	75,947	54,892	48,229	49,306	38,201	34,557	34,557	0	36,843
回 転 期 間	1.73	1.27	0.92	1.06	1.33	1.06	0.97	0.98		0.97
固 定 資 産	239,518	223,236	196,484	121,714	115,521	99,126	94,175	94,175	94,175	102,327
回 転 期 間	4.22	3.73	3.28	2.68	3.12	2.75	2.64	2.67		2.69
総 資 産	618,857	628,397	570,818	396,961	383,638	372,190	374,827	368,063	-6,764	349,321
回 転 期 間	10.91	10.49	9.52	8.73	10.37	10.32	10.51	10.43		9.20
仕 入 債 務	96,630	101,358	86,898	52,466	54,930	53,923	62,873	66,307	-3,434	63,416
回 転 期 間	1.70	1.69	1.45	1.15	1.48	1.50	1.76	1.88		1.67
借 入 金	248,307	268,339	247,380	203,766	172,466	152,050	136,440	136,478	-38	120,524
借入金依存度	40.12	42.70	43.34	51.33	44.96	40.85	36.40	37.08		34.50
その他負債	133,699	142,728	135,165	82,047	91,433	106,315	107,991	124,028		108,757
回 転 期 間	2.36	2.38	2.25	1.80	2.47	2.95	3.03	3.51		2.86
負 債 合 計	478,636	512,425	469,443	338,279	318,829	312,288	307,304	326,813		292,697
回 転 期 間	8.44	8.56	7.83	7.44	8.62	8.66	8.61	9.26		7.71
純 資 産	140,222	115,973	101,376	58,683	64,810	59,903	67,524	41,251	26,273	56,625
自己資本比率	22.66	18.46	17.76	14.78	16.90	16.09	18.01	11.21		16.21

（出典）　OKI有価証券報告書に基づき筆者作成。

　当期純利益への影響額は12年3月期までの累計で−300億円だが，為替換算調整勘定が＋37億円なので，純資産への影響額は263億円であり，自己資本比率を1.8ポイント引き上げているに過ぎない。

　売上債権回転期間は06年3月期の2.66か月が10年3月期には3.20か月に，12年3月期には3.15か月になっていて，最高の10年3月期で0.54か月，12年3月期で0.46か月上昇していて，粉飾などによる水増しが疑われるが，粉飾などと断定できるほどの上昇ではない。この期間には，売上高が08年3月期の7,197億円が10年3月期には4,439億円，11年3月期には，4,327億円，12年3月期には4,281億円と減少が続き，4年間で41％も減少しているので，売上減少に伴う構造変化などによる上昇であることも考えられる。棚卸資産回転期間は2.94か月から1.8か月前後にと短縮しているし，総資産回転期間も10か月台で安定している。

　OSIBの不適切会計処理の影響は本来なら大部分は売上債権に影響するのだが，OSIBでは，売上債権の膨張を仕入債務や未払金などのその他流動負債に分散させて，売上債権への影響額を少なくしている。もともと，不適切会計処理による影響額は連結金額からみるとそれほど大きくないのだが，OSIBでの操作により，影響が更に少なくなるように偽装しているので，貸借対照表の分析からは，不適切会計処理の発見は困難と思われる。

　第4章及び第5章において，当社の売上債権について，四半期データとグラフを用いたより詳細な分析法を紹介する。

5　結　　論

　OKIの不適切会計処理は局地型のものだが，OSIB社の社長自らが長年にわたって続けてきたものであり，OSIB社の会社ぐるみの粉飾でもある。

　OSIB社はA氏が立ち上げて，A氏の商才と努力によって成長した会社であり，本業のプリンタ事業のみならず，他の販売子会社が取り扱っていないテレビの販売事業でも売上を増やすなど業績を上げていて，親会社での評価も高

かった。また，OSIBのすべての業務を掌握し，取り仕切っていたため，外部からは口出しなどできず，親会社等も干渉はできなかった。

　ODCは子会社に対しマーケットの現状などを考慮せず，達成困難な過大予算を押し付けていた。A氏の方でも，親会社の評価を上げ，報酬を増やすために親会社などに忖度して不適切会計処理により好業績を上げ続けた。OSIB社には，他の子会社には認められない，外部倉庫の利用や自身での金融調達などの多くの特権が認められていたことも，不適切会計処理の実行を容易にした。

　何よりも大切なことは，子会社から孫会社，曾孫会社と肥大化した組織に比べ，組織を管理して統率する経営力が不足していたことである。親会社は曾孫会社にまで目が届かないし，適格な情報が適時に入ってこない。内部監査部門などの力不足で，内部統制の機能が働かず，A氏の不正を野放しにしたことである。

株式会社レスターホールディングス（旧株式会社UKC）の粉飾

1 はじめに

(1) 会社概要

株式会社レスターホールディングスは，2009年10月に株式会社ユーエスシーと京信テクノソニック株式会社が経営統合するに当たり，株式移転の方法により共同持株会社「株式会社UKCホールディングス」の商号にて設立され，株式を東京証券取引所市場第一部に上場した。

19年4月には商号をレスターホールディングスに変更しているが，変更前の不適切会計処理の事例を取り扱うので，以下，UKCの略称で呼ぶことにする。

(2) 主な事業の内容

半導体及び電子部品の販売，電子機器受託製造サービス（EMS）事業，電子機器の販売事業及びシステム機器（産業電子機器・伝送端末機器等）の開発・製造・販売，信頼性試験並びに環境物質分析受託事業を営んでいる。

2 不適切会計処理が行われた経緯

(1) 連結財務諸表上の重要な虚偽表示の疑惑

UKCでは，2017年5月30日付にて，海外連結子会社のUKC香港において前渡金に関連した売掛金回収に対する疑惑等が発見されたことを公表した。同年

5月30日には外部の専門家からなる第三者委員会を立ち上げ，7月19日に調査報告書を受領した。

　以下に，主に第三者委員会調査報告書及び有価証券報告書をもとに，UKCにおける不適切会計処理の概要と不適切会計処理が行われるに至った経緯やその原因などを紹介する。

　UKC香港は，旧ユーエスシーの香港と旧京信テクノソニックの香港におけるそれぞれの完全子会社が事業を統合のうえ，11年1月に合併してできた半導体等の電子部品を取り扱う商社である。

　UKC香港の営む事業の内，旧ユーエスシーの香港現地子会社から引き継いだ事業は主に，海外進出した日系企業にソニー製の電子部品等を販売するもので，シフトビジネスと呼ばれていた。他方，UKC香港が旧京信テクノソニックの香港子会社から引き継いだ主な事業は，中国南京に所在するb社をビジネスパートナーとするLCDパネル事業であり，UKC香港において，LCDパネルをb社から仕入れ，これを中国のローカル企業（テレビ製造業者）に販売する事業であった。この事業はb社が南京に所在することから「南京ビジネス」と呼ばれていた。

　UKCが香港で営んでいる事業のうち，その売上シェアの大半を占めているのがLCDパネルの販売事業である。

(2)　南京ビジネスの概要

　旧京信テクノソニックの香港子会社は2005年以降aa社の正規代理店となったb社をビジネスパートナーとして，b社から主にaa社製のテレビ用LCDパネルを仕入れて中国のテレビ製造業者などの顧客に販売する南京ビジネスを開始した。

　南京ビジネスは，資金力はないが有力なビジネス人脈を有し，あるいは販路開拓に秀でた中国起業家において，LCDパネルなどの商材につき，複数の中小の需要企業に売り捌く販路を開拓・確保して当該商材の仕入れボリュームを増大させた上で，当該商材メーカーからボリューム値引きを受けると共に，当

該商材メーカーへの購入代金については，日系企業などから資金供給を仰ぐというビジネス形態である。こうした取引によって，当該ビジネス形態を組成する者（ここではｂ社）には，商材メーカーに対し，大量かつ安定的な購入者の地位に立つことで相対的に安価な仕入れが可能になり，そのメリットを商材の需要者及び資金提供者と分かち合うことでコミッションを獲得しうるのである。

　ここで資金供給者たる地位に立つのがUKC香港である。UKC香港は仕入先及び販売のいずれに対しても自らは営業活動を一切行わないという極めて特殊な事業形態であった。

　南京ビジネスにおいては，厳しい与信管理が行われる一般の商社金融と異なり，与信先に対する与信管理は皆無に近く，LCDパネルの仕入れから販売に至るまで一切の営業活動がｂ社にゆだねられていた。UKC香港が顧客のテレビ製造業者に接触することなく（むしろ接触は制限されていた），LCDパネルの販売先である顧客の実需を把握し，さらに売掛金を回収するのもｂ社の役割であった。前渡金さえ支払えば営業活動や顧客管理をすることなく売上と利益が計上できた。

(3)　ｃ社香港とのLCDパネル取引の実態

　UKCは顧客の１社としてｂ社からｃ社香港の紹介を受け，テレビ用LCDパネルをｂ社から仕入れてｃ社に販売する取引を2013年頃から開始した。

　ｃ社香港は，自からLCDを製造するメーカーでなく，主にその傘下の企業であるｃ社中国のｗ工場でテレビ完成品として製造し，更にｃ社豪州に輸出し，最終的にはオーストラリア家電量販店のcc社を通じて「Ｘ」のブランドで販売するという，製造から販売までの一連の商流を担う企業グループとしてｃ社グループが形成されていた。

　この取引も，UKC香港は前渡金を支払うだけで，物流や商談には一切関与しない，典型的な金融介入取引であった。

(4)　c社香港に対する売掛金46百万米ドルの滞留

　UKC香港とc社香港とのLCDパネル取引は順調に推移し，2014年頃には毎月の売上高が10〜30百万米ドル程度まで拡大し，売掛金の回収が滞ることもなかった。

　しかし，2015年2月28日頃，UKC香港のE氏はb社から，c社香港で28百万米ドルの欠損が発覚し，売掛金合計46百万米ドルの支払いが滞留する旨の報告を受けた。

　E氏は2015年3月11日頃c社中国のw工場でG氏と面談したが，南京ビジネスはE氏の前任者が担当していたことから，G氏と会うのはこの時が初めてであった。

　2015年4月2日c社中国のG氏が来日してUKCのA社長及びB副社長と面談して，売掛金回収の基本的な方向性につき話し合った。協議では，w工場を売却して売掛金を回収する方策も検討されたが，UKCでは，UKCグループの支援のもとに，c社グループの事業を継続させ，その利益をもってc社香港に対する売掛金回収を進めるとの経営判断を下し，引き続き，c社グループのテレビ事業を巡る資金の流れその他の事業全容の解明を進め，売掛金回収の保全等を検討することとした。

(5)　c社中国に及び香港に対する金融支援

　2015年4月10日頃，c社中国の資金繰りが逼迫し銀行借入れの返済資金の工面ができず，w工場が銀行により差し押さえられる恐れが出てきたことから，G氏はUKC香港に9.1百万人民元の融資を依頼した。

　UKC香港は，UKCのフォーマットで借用証書を作成し，必要な契約を締結してG氏に署名させた上で資金を送金して支援することをUKCのB副社長，管理本部C氏及び経理部門D氏に提案した。

　UKCでは，c社中国に対する貸付には取締役会の決議が必要になるが，取締役会の承認が得られる見込みが乏しいとの認識であった。

　2015年4月16日，UKC香港では，借用証書による貸付けではなく，本来は

LCDパネルを仕入れるためにｂ社に支払い済みの前渡金を一時的に流用して，ｃ社中国に送金させることにより，ｃ社の資金繰りを支援することを，UKCのＢ副社長などに提案した。

　UKCでは，ｃ社グループの事業の将来性を認めたうえで，UKCがｃ社グループを支援してテレビ事業を継続させるとの経営判断をしていたこともあり，あくまでもｃ社中国における突発的な資金繰りの悪化によるものと判断し，Ａ社長とＢ副社長は，ｂ社に支払済みの前渡金をｃ社中国に送金することを承認し，４月17日から６月９日までの間に合計11百万米ドルの資金援助を行った。

⑹　ｃ社香港とのLCDパネル取引の回収サイトの延伸

　その後，UKC香港でｃ社グループの財務内容などを調査した結果，2015年４月中旬頃の時点で，ｃ社香港の債務弁済能力が当初の予測よりも大幅に低いものと認識するに至った。ｃ社グループの財務内容を見ながら状況に応じて適宜ｃ社香港に対し資金融資をすることが必要であるとの判断に至ったが，中国のローカル企業への貸付は取締役会の承認が得られる見込みが乏しいことから，UKC香港は，Ｂ副社長，管理本部Ｃ氏及び管理部門Ｄ氏と協議した上，回収サイトの延長によるｃ社グループの資金繰り支援を決めた。

　本来の回収サイトは，aa社製品では請求書日付から45日以内，bb社製品では同60日以内に回収する条件であったが，この回収サイトを180日に延長し，2014年12月分のパネル代金の一部にまで遡ることとした。これにより監査法人から貸倒引当金計上の必要性の指摘を受けるトリガーとなる回収遅延を発生させないことを意図したものであった。

⑺　テレビ完成品の取引開始

　UKC香港は，Ａ社長の指示を受け，シンガポール現地子会社に所属する経理・管理に精通している従業員の支援も受けて，2015年３月から５月にかけてｃ社グループにおける資金の流れなどを調査した。調査の結果を踏まえ，Ａ社長，Ｂ副社長及びＥ氏の協議の結果，ｃ社グループには数々の問題点や懸念点

があるものの，UKC香港が継続的にサポートすれば解決・改善が可能であると判断した。

上記の経営判断を受け，UKC香港は，2015年6月から7月にかけて，c社中国の新規顧客登録を行うと共に，回収サイトを180日から270日以内の全額支払に変更した上で，15年7月からc社中国から仕入れたテレビ完成品をc社香港に販売する取引を開始した。この商流では，c社香港はc社豪州に販売し，最終的には主にcc社が顧客に販売する。

テレビ取引の開始に伴って，従来からのLCDパネル取引は，UKC香港がbb社製パネルを仕入れてc社中国に販売する商流に変更した。かくして，変更後のLCDパネル取引にテレビ完成品販売の商流が加わった。

3　滞留債権についての会計処理

(1)　貸倒引当金の計上

2015年7月以降，c社グループがテレビ完成品の販売によってcc社から回収した資金をc社香港に優先的に支払いをさせ，支払期限が先に到来するLCDパネル取引の滞留債権の回収に充当して消し込む会計処理を行った。

これにより，LCDパネル取引の滞留売掛金の回収が促進されると見込んでいたのだが，c社香港に対する売掛金の回収見込みも落ち込む状況となり，新たに10.5百万米ドルに回収遅延が生じた。

UKCでは，新たな回収遅延について，あずさ監査法人には，c社中国におけるテレビ生産の本格稼働が15年4月から6月にずれ込んだことを理由として説明して，貸倒引当金を計上せず，あずさ監査法人もかかる会計処理を容認した。

その後，UKCはc社香港に対する売掛金について一定の貸倒リスクが生じていると判断し，UKC香港の直近3会計年度の貸倒実績率3.54％を用いて，15／9期に貸倒引当金0.4百万米ドル，15／12期に1.2百万米ドルを計上した。

(2)　テレビ取引の前渡金支払いと回収偽装

　UKC香港は，ｃ社中国からテレビ完成品を仕入れてｃ社香港に販売する取引を開始したことを契機に，15年6月17日から17年3月20日までにかけて36回にわたり合計66百万米ドルの前渡金をｃ社中国に支払った。

　これら前渡金は，ｃ社中国，ｃ社香港及びｃ社豪州の会社ないし事業の運営経費を負担する趣旨で支出されていたのだが，第三者委員会の調査では，一部はUKC香港の売掛金の決済に充当されている事実を確認している。この資金還流は，16年3月期における貸倒引当金計上を回避するためにUKC香港が意図的に行った売掛金回収偽装であると第三者委員会は認定している。

(3)　UKC香港によるCB取得の実態

　UKC香港によるテレビ取引開始後もｃ社グループに対する売掛金の回収が進まない状態が続いた。そこでUKCでは，ｃ社グループに対する売掛金を正常営業循環債権と長期営業債権に分割し，長期営業債権については担保を取得した上で，ｃ社香港との間で3年から5年間程度の返済計画を合意した契約を締結して回収する方針を決めた。

　しかしｃ社グループのG代表は，UKC香港のパネル代金の延滞をUKC香港による株式の出資をもって解消することを希望したので，議論は平行線のまま推移した。

　こうした状況を打開すべくUKC香港のE氏は外部コンサルタントに相談したところ，既存売掛金全額を転換社債化する提案を受け，それ以後，この提案の実現に向けた協議・検討を開始した。

　G氏は，UKC香港が提示した転換社債の転換後にUKC香港が株式の51％を取得するとの案を受け入れると共に，UKC香港の転換社債取得と担保設定を同時に行うことも受け入れた。

　UKCでは取締役会の承認を得た上で，2017年3月31日にCBを取得して，その時点でｃ社香港及び中国に対して有していた103百万米ドルの売掛債権をすべて解消させた。

　UKC香港では，本件CBを資産計上するに当たり，発行者であるc社香港の株式価値を算定した本件株式価値算定書では足りず，本件CB自体の評価が必要との指摘をKPMGから受け，専門家に改めて評価を依頼して，評価報告書を取得した。その結果，本件CBは，1年後に転換権を行使するとして190百万米ドルと評価された。

　この評価額も，基礎数値の見積として本件株式価値算定書の評価結果を前提にしているのだが，本件株式価値算定書が前提としている事業計画の収益見込みを基礎づける合理的根拠を見だしえなかったために，第三者委員会は合理性があるとは言い難いとしている。

　UKC香港は，c社香港が発行する本件CBの担保として，c社中国が保有する土地に対する抵当権を設定した。しかし，担保取得については事前に慎重な検討がなされたとはいえず，中国の法律事務所から本件CBの担保として適法・有効かつ執行力がある旨の法的意見書も取得できていない状況にあった。第三者委員会ではc社中国保有の土地に設定されたとされている抵当権は本件CBの担保として考慮することはできないとしている。

4　不適切会計処理の財務諸表への影響額

(1)　不適切会計処理実施期間の財務分析

　UKCでは，UKC香港における前渡金・売掛金等の滞留について第三者委員会を設立して実態調査を行った結果，上記のような事実が判明したので，13年３月期から16年３月期までの有価証券報告書などの訂正報告書を公表して，12年３月期から16年３月期までの連結財務諸表と16／12期までの連結四半期財務諸表などの訂正を行った。

　この訂正では，売上高について，これまで代理人取引を売上に計上していたのを，純額計上に改めて減額修正し，売上債権等については貸倒引当金の積み増しで対処した。その結果流動資産の貸倒引当金は16／12期末で16,938百万円に達している。

　図表３－３はUKCの12年３月期から16年３月期までの５期間と，不適切会計処理が行われていた最後の期間である16／12期の連結ベースの主な業績と財務数値の推移表である。

図表3－3　UKC業績指標及び貸借対照表推移表

(単位：百万円)

	12年3月期	13年3月期	14年3月期	15年3月期	16年3月期	16／12期	訂正後	訂正額
売上高	257,088	284,508	317,042	280,672	288,684	209,106	199,926	9,180
（訂正後売上高）	(252,991)	(278,160)	(301,428)	(253,811)	(210,963)			
売上総利益	16,665	17,851	19,411	17,032	18,250	11,043	10,963	80
経常利益	5,008	8,162	7,237	6,233	5,448	2,421	−2,493	4,914
税前当期純利益	4,834	7,650	7,210	6,208	4,809	2,651	−2,263	4,914
当期純利益	2,722	5,025	4,398	4,037	3,200	1,575	−3,263	4,838
（訂正後当期純利益）	訂正なし	訂正なし	訂正なし	(2,276)	(−6,222)			
現金預金	17,935	12,601	17,658	27,542	22,705	24,271	24,271	
売上債権	61,015	65,119	69,633	71,857	72,224	82,527	84,054	−1,527
回転期間	2.85	2.75	2.64	3.07	3.00	3.55	3.78	
棚卸資産	16,891	24,090	18,415	18,981	18,941	16,627	16,627	
回転期間	0.79	1.02	0.70	0.81	0.79	0.72	0.75	
その他	3,721	6,683	5,976	5,611	5,803	12,048	10,507	1,541
貸倒引当金	−101	−144	−170	−263	−345	−578	−16,938	16,360
流動資産計	99,461	108,349	111,512	123,728	119,328	134,895	118,521	16,374
回転期間	4.64	4.57	4.22	5.29	4.96	5.81	5.34	
有形固定資産	1,787	2,076	2,384	2,441	2,310	2,847	2,847	
無形固定資産	300	461	475	385	338	419	419	
投資その他資産	2,835	3,336	4,064	5,229	4,430	4,003	3,961	42
固定資産計	4,922	5,873	6,923	8,055	7,078	7,269	7,227	42
回転期間	0.23	0.25	0.26	0.34	0.29	0.31	0.33	
総資産	104,383	114,222	118,435	131,783	126,406	142,164	125,748	16,416
回転期間	4.87	4.82	4.48	5.63	5.25	6.12	5.66	0
仕入債務	38,837	35,371	37,487	43,563	34,945	36,275	36,275	0
回転期間	1.81	1.49	1.42	1.86	1.45	1.56	1.63	0
借入金	20,379	27,842	24,057	26,691	28,982	42,951	42,951	0
借入金依存度	19.52	24.55	20.31	20.25	22.93	30.21	34.16	4
その他流動負債	5,497	5,608	6,466	5,159	4,752	5,543	5,459	−84
負債合計	64,713	68,821	68,010	75,413	68,679	84,769	84,685	−84
純資産	39,671	45,402	50,425	56,370	57,728	57,396	41,063	16,333
内利益剰余金	30,061	34,361	37,818	41,273	43,767	44,464	28,436	16,028
自己資本比率	38.01	39.75	42.58	42.77	45.67	40.37	32.65	
負債及び純資産合計	104,384	114,222	118,435	131,783	126,407	142,165	125,748	16,417

（出典）UKC有価証券報告書に基づき筆者作成

　図表3－3は，不適切会計処理の訂正前の数値であり，売上高と当期純利益のみに，それぞれの下行に訂正後の金額をカッコ書きで記載してある。また，不適切会計処理が行われた最終期である16／12期については，右隣に訂正後の

金額と，訂正額を記載してある。訂正額は，純資産を減らす訂正をプラス，純資産を増やす訂正をマイナスで示してある。

　売上高は12年3月期と，9か月しかない16／12期を除くと，2,800億円台から3,100億円台で増減変動を繰り返している。経常利益以下の利益は，13年3月期以降は，年度毎に減少が続いているが，16／12期まで当期純利益を計上している。16／12期までの損益の推移を見ただけでは，業績が下降傾向にあることはわかるが，粉飾など疑わせる兆候など感じられない。

　不適切会計処理訂正後の金額では，16年3月期及び16／12期には当期純損益は赤字になっている。16／12期の訂正後の純資産の利益剰余金は160億円目減りしていて，不適切会計処理の利益への影響額は，累計で160億円に上ることを示している。

　貸借対照表では，売上債権回転期間が14年3月期までは2.7か月前後で推移していたのが16年3月期には3か月に上昇しているが，この程度の上昇は正常状態でもありうるので，粉飾などによる水増しによるなどと断定するのは早すぎる。16／12期には，更に上昇して3.55か月になっているが，年度末の数値ではないので，単純な比較はできない。

　固定資産が極めて少額で推移していることから，総資産回転期間は14年3月期までは4か月台で推移していて，低すぎることに疑問が持たれるが，少なくとも資産水増しの粉飾を推察するのは困難である。総資産回転期間は15年3月期以降に上昇しているが，これは売上債権回転期間の上昇によるものである。

　借入金依存度は16年3月期までは20％台前半の比率に収まっている。16／12期には30％に上昇したのは，やや注意を要する上昇だが，四半期の数値なので，年度末の数値を見て判断する必要がある。

　16／12期においても自己資本比率は40％台を維持しているなど，16年3月期までの訂正前の貸借対照表からも，異常を見抜くのは困難と思われる。

(2)　不適切会計処理中止後の業績等の推移

　図表3−4は，16年3月期から20年3月期までの主要な連結経営指標の推移

表であり，UKCの20年3月期の有価証券報告書から抜粋したものである。

図表3－4　16年から20年3月期までの主要連結財務指標推移表

（単位：百万円）

	16年3月期	17年3月期	18年3月期	19年3月期	20年3月期
売上高	276,709	273,752	301,449	205,771	379,548
経常利益	-3,937	-7,385	3,908	4,198	9,025
親会社株主帰属当期純利益	-6,227	-8,688	2,129	2,192	5,722
純資産額	47,078	37,154	39,786	38,858	73,768
自己資本比率（％）	40.3	29.6	33.9	39.4	35.7
総資産額	115,758	124,237	116,144	97,361	197,053

　不適切会計処理を訂正して正常化に戻った18年3月期以降は，親会社に帰属する当期純利益は，18年3月期の213万円の黒字化から始まって，19年3月期は微増の219万円だが，20年3月期には572万円にと順調に回復し，自己資本利益率は8.3％に達している。

　重症に陥る前に不適切会計処理をやめて，再建に向かったのが奏功して，ごく短期の内に業績を回復させたと見られる。

　総資産が20年3月期に大幅に増えて，回転期間が16年3月期と比べて約1か月上昇しているが，主に棚卸資産と固定資産の増加によるものであり，これまで少な過ぎた感があったので，業績の回復により前向きに転じたしるしとも見ることができるが，今後の業績などでの展開などを見る必要がある。

5　本件事案の発生を防止できなかった原因

　UKCにおいて売掛金に多額の回収不能が生じたことや，滞留債権隠蔽のために不適切な会計処理などが行われた最大の要因として，第三者委員会は，経営層の投資家，株主更には株式市場に対する責任感，倫理観が欠如していたこと，投資家その他のステークホルダーに正しい情報を発信する姿勢に欠けていたことを挙げている。

　昨今の厳しい経営環境のもとで，互いにグローバル展開に鎬を削っている企業間の熾烈な競争に勝ち抜くには，強いリーダーシップが必要なことは理解できるが，自らの経営判断が経営環境に適合せず，その採用した事業戦略が失敗に終わったことを謙虚に受け容れるとともに，損失を公にした上で，新たな事業活動の挑戦に踏み出す潔さがなかったことも指摘している。

　管理部門を軽視する企業風土が定着していて，営業第一主義者の社長等は，管理部門を営業を牽制する組織として認識しておらず，もっぱら営業を支援し，従属する部門として位置付けていた。南京ビジネスで多額の滞留債権が発生した際などにも，財務管理本部のスタッフなどの意見には耳を貸さず，経理部門D氏を香港の経理部門に滞留債権回収のプレッシャーを与えざるを得ない立場に追い込み，その結果，UKC香港の回収偽装などの不正を惹起するに至ったとしている。

　UKC香港では，E氏が社長，副社長の信認が厚く，現地事情に精通しているとの評価が高いため，UKC香港の役職員はE氏に異を唱えることができず，本社もコントロールもモニタリングもできていなかった。

　リスクの多い金融支援のための介入取引においても，与信管理の必要性を全く認識せず，特殊なビジネスモデルに対しても，取引のもたらす売上と利益ゆえにリスクを漫然と放置していた。ソニー製品の優良企業向け商社ビジネスで業容を発展させた社歴から，厳格な与信管理がほとんどなされないまま非日系のローカル企業取引に対しても，与信管理規程や与信限度制度などが設けられておらず，一定額以上の取引について与信管理をする制度も部門もない極めて杜撰な与信管理体制であった。

　UKC香港は売掛先の内容や相手先の財務状態などまったく把握できないという弱点を露呈し，滞留債権を巡る情報を十分に取得できなかった。南京事件が公になった後の17年4月1日になってようやく，「グループ企業債権管理細則」が制定された。

　南京ビジネスの躓きによって15年3月に生じた46百万米ドルに及ぶ売掛金の滞留の処置の決定においても，取引からの撤退の選択肢があったのにも関わら

ず，相手先の財務内容などを調べることもせずに，相手側が作成した返済計画を鵜呑みにして，回収のみを念頭に，更に取引の種類を増やしてまで取引を続けた。途中で，ｃ社の支払い能力が想定していたものよりもずっと低いものであることを知った後においても取引を続けた結果，滞留債権を大幅に膨らませたのは，経営者の適切な判断力の欠如を物語っている。すべての面を総合して，高度成長時代ならいざ知らず，21世紀の現在において，東証第一部上場で年商3,000億円規模の企業に，このような判断力に欠けた，倫理観やコンプライアンス意識のない経営者が存在したことは驚きである。

　第三者委員会は，監査法人との間のコミュニケーションが欠如していたことも指摘しているが，監査法人側の対応にも疑問がある。例えば，UKCでは監査法人から貸倒引当金計上の指摘を受けることを回避するために，ｃ社香港に対する売掛金回収サイトを延長している。通常，売掛金のサイト延長や手形期日書き換えは30日か精々60日程度の延長にとどまると思われるが，45日を180日に，更には270日に延長したのは異常であり，これをそのまま容認したのは納得できない。

　本事案に関係した代表取締役社長，同副社長及びグループ執行役員の３名は減俸処分を受けた。また，代表取締役社長は2017年9月15日開催の定時株主総会の閉会をもって退任し，代表取締役副社長は2017年８月14日付で取締役に降格となった。グループ執行役員も８月14日付でUKC香港の董事長総経理と，グループ執行役員を退任した。

第**3**節
株式会社MTGの粉飾

1 疑惑の発生

　2019年5月13日，株式会社MTG（以下，MTG）は連結子会社であるMTG上海において，不適切な会計処理の疑惑が判明したことを公表した。

　19／3期の決算短信発表以降に，監査人との審査の過程で，特定の取引先2社における売上取引の実現性の認識方法について議論となり，現地子会社に赴き追加レビュー手続の実施を要請された。現地での監査人の追加レビュー手続を実施する過程で，売上取引の会計処理の適切性に疑惑が生じた。

　2019年5月14日MTGは疑惑の調査のため，第三者委員会を設置することを決め，委員の氏名を公表した。

　同年6月11日に第三者委員会の調査報告書を受け取り，翌12日付で，報告書の全ページを公表した。

　以下において，第三者委員会の調査報告書及びMTGの有価証券報告書をもとにMTGにおける疑義取引の概要を説明する。

2 会社概要

(1) MTGの沿革

1996年1月　愛知県岡崎市にて，株式会社エムティージーブレイズを設立，
　　　　　　（資本金10百万円）

2005年９月　社名を株式会社MTGに変更

2006年12月　抗菌製品技術協議会認定のSIAAマークを取得

2009年２月　化粧品製造販売業許可取得

2009年７月　HACCP取得（キララ事業部中川工場）

2012年10月　MTG深圳を連結子会社（100%）として設立

2013年５月　MTG台湾を連結結子会社（100%）として設立

2013年６月　MTG上海を連結子会（100%）社として設立

2013年５月　MTG KOREAを連結子会社（100%）として設立

2018年７月　東京証券取引所マザーズ市場に上場

(2)　MTGの連結業績等推移

　図表３−５は，MTGの業績及び財政状態などの年度ごとの推移を示した表だが，MTGは2018年９月に上場して，有価証券報告書などによる開示を始めた新興会社なので，16年９月期からのデータしか入手できない。

図表３−５　MTG主要連結経営指標推移表

（単位：百万円）

	16年９月期	17年９月期	18年９月期（訂正後）	19年９月期
売上高	29,480	45,325	60,465（58,377）	36,046
経常利益	3,494	6,120	8,882（ 6,936）	− 14,698
親会社株主帰属当期純利益	2,421	4,306	5,513（ 4,002）	− 26,207
純資産額	10,607	16,431	59,551（58,045）	31,721
自己資本比率	64.4%	48.3%	82.6%（80.4%）	77.2%
総資産額	16,474	34,026	72,122（72,223）	40,955

(3)　主な事業の内容

グローバル事業	海外グループ会社ECサイト及び海外のインターネット通信販売事業者の運営するECサイトを通じた一般消費者への直接販売，並びに海外のインターネット通信販売事業者，海外の販売代理事業者，海外の美容専門店及び海外の百貨店運営事業者への卸売販売
リテールマーケティング	量販店運営事業者への卸売販売及びカタログ販売並びにテレビ通信販売
ダイレクトマーケティング事業	当社及び国内他社サイトを通じた一般消費者への販売及びインターネット通信販売事業者への卸売販売
ブランドストア事業	百貨店運営事業者並びに免税店運営事業者への卸売販売及び当社運営の小売店舗を通じた一般消費者への直接販売
プロフェッショナル事業	美容サロン，エステティックサロン運営事業者への卸売販売及びフィットネスクラブ運営事業者と提携している販売代理事業者への卸売販売など

主な取扱ブランド及び商品

ReFa	美容ローラーからスタートし，美容ローラー，コスメ洗顔機器及び頭皮をケアする機器などオムニビューティーブランドとして展開している。日本の技術を強みに体感を重視した商品開発に力を入れており，国内だけでなく，中国，韓国を中心にアジア各国にも販売を拡大している。
SIXPAD	EMS（筋電気刺激）をはじめとするトレーニングブランドである。
MDNA SKIN その他	

3　疑惑取引に関連する商流及び物流

(1)　C社との中国越境EC向け取引

　MTGは，ReFaブランド商品を日本国内で製造し，C社を介して中国等の海外現地法人へ輸出している。中国におけるEC（電子商取引）向け取引にはMTG上海が行う中国国内EC向け取引とは別に，越境EC向け取引（中国国外向けEC取引）としてMTGがECサイトを運営する a 1 社に直接販売するものがある。

2018年9月から12月にかけて行われた越境EC向け商品の取引は，MTG上海が買い受けることなく，C社が商品を買い取るものであり，その後，C社がa1社以外の中国の越境ECサイトの運営業者へ販売するという商流が計画され，その計画のもとにC社へも販売がなされた。

(2)　A社との取引

A社は，MTG上海の代理販売事業を営む会社である。MTGは，製造委託先が製造したReFaブランド商品を，輸出代行者としてのC社を通じて上海へ輸出し，MTG上海がA社へ販売・納品している。

(3)　B社との取引

B社はa1社の中国国内ECサイトにおいて出店企業をサポートする運営代行企業（以下パートナーという）であり，2019年4月よりECサイトのReFa旗艦店を運営している。MTGはReFaブランド商品を，輸出代行者としてのC社を通じて上海へ輸出し，MTG上海がB社へ販売・納品している。

❹　疑義取引に関連する市場環境等

(1)　ReFaブランドの市場構造

本件疑義取引は上海事案と越境EC事案のいずれも，MTGのReFaブランドの主力商品である美容ローラーを対象とした売上取引であったが，ReFaブランド商品は日本国内のみならず，中国及び韓国を中心とするアジア諸国に販路を拡大していた。

このうち，日本及び韓国におけるReFaブランド商品の売上は，中国からの訪問客が個人代理購入者として中国国内での転売目的で購入するいわゆるインバウンド需要が大半を占め，MTGはグループ全体でも中国によるインバウンド需要の影響を多く受けていた。こうした中国からのインバウンド需要の拡大は特にMTG KOREAの売上の大部分を占め，MTGグループ全体の成長に貢

献していた。

(2)　インバウンド需要の縮小に向けた市場環境の変化

ReFaブランドのMTG単体での売上実績は，16年9月期の121億円から17年9月期の245億円へと急拡大したが，その一方で，中国からのインバウンド需要が縮小に方向転換する市場環境の変化が立て続けに生じた。

まず，中国における国慶節休暇前である2018年9月末に，中国の空港における代理購入者に対する税関検査の運用が強化され，中国国外から持ち込まれる物品に対する関税徴収が厳格化した。

また，2019年1月には中華人民共和国電子商取引法（以下，新EC法という）が施行された。これに伴い，中国向け越境ECサイトの経営者や中国国外で購入した商品を転売する個人の代理購入者等は購入国と中国での営業許可証の取得や納税等を義務付けられることとなった。

(3)　日本及び韓国における中国からのインバウンド需要の減少傾向

新EC法の施行を含む市場環境等の変化の影響により，2018年10月から始まる18／12期において，日本や韓国における中国からのインバウンド需要が大きく減少して行く傾向を示した。

5　MTGにおける経営指標（MP／RMP）

MTGは経営目標の達成度を定量的に管理するため，MPという経営指標を設定し利用している。MPとはマスタープランの略称であり，事業年度の初めの月（10月）の取締役会において，「必達MP」として承認される。また，業績の推移に応じてMPは見直され，原則として第3四半期より，RMP（リバイスマスタープラン）という修正されたMPが適用される。

MP（RMP）は売上高，粗利益，経費及び営業利益等の各段階利益について設定され，また，連結グループベースのみならず，事業別，子会社別，更に

はブランド別，と多面的に実績値や着地見込値との比較分析が行われる。MP
（RMP）の達成評価は年次，四半期はもちろんのこと，月次でも行われており，
事業やブランド，子会社の責任者は毎月MP（RMP）の達成度合いを取締役会
やPC経営会議等で報告しなければならない。PCとは，プロフィットセンタの
略称である。なお，公表される業績予想は開示MPと呼ばれている。

6　疑義事案に至る経緯

(1)　急　成　長

　MTGは，18年9月期に至るまで10期連続で増収を続け，4期連続で大幅な
増益を達成してきた。連結財務諸表の作成を開始した16年9月期から18年9月
期までの直近3事業年度において，公表連結売上高は295億円→453億円→605
億円，連結経常利益は34.9億円→61.2億円→88.8億円と急伸した。約2年間の
うちに従業員数は倍増した。

　MTGの急成長を牽引してきた商品は，09年に初代品が販売開始されたReFa
と，15年7月に販売開始されたSIXPADであった。特にReFaは，小顔を期待
した女性に大人気を博した美顔器であって，少なくとも18年に入る前のころま
で商品の注文に生産が追い付かず，欠品が生じるほど程の売れ行きであった。
ReFaの主な市場は，日本が51％，韓国が25％，中国が18％である。

　このように，MTGの急成長を支えたのは，日本，韓国などにおいて，中国
からの訪問客が中国国内での転売目的でReFaを購入するいわゆるインバウン
ド需要が大半を占めており，ReFa全体の売上高に占める中国人インバウンド
の売上高は約40％に達していた。

(2)　売上の陰りと上場

　中国人インバウンド客が主要な顧客層であった日本及び韓国市場の内，日本
市場でのReFaの販売状況は，リテールマーケティング事業本部で2018年1月
から，ブランドストア事業本部では2018年10月から落ち込みを見せていた。韓

国市場に関してはグローバルブランド事業本部の同国向け売上は18年9月から
激減している。

　MTGは，ReFaについて2017年12月には生産調整に入っており，一部のシ
リーズについてはその後順次生産停止措置を講じている。

　グローバルブランド事業本部においては，18年9月期に中国向け販売額の過
半に相当したａ１社の越境ECサイト向け販売取引は，在庫過多のため受注が
なくなり，2018年10月以降は販売がほぼ消滅した。

　このような状況下において，18年9月期に入ると，一部の事業本部でMP
（RMP）の月次未達が頻繁に発生し始めた。加えて18年9月期の終盤には，中
国の空港における税関検査の運用が強化され，2019年1月に新EC法が施工さ
れることになった。これらの要因の影響を受けて，18年9月期終盤には，中国
人インバウンドの売上高が，日本，韓国及び香港市場において大きく失速した。

　MTGは東京証券取引所マザーズ市場に上場したのは2018年7月であり，18
年9月期は上場後初の決算であった。2018年5月29日に公表した2018年9月期
の連結の業績予想は，売上高600億円，経常利益80.2億円，当期純利益は55.0
億円であったが，9月5日時点で経理部が把握していた数字では，利益が9億
円不足していた。

(3)　越境EC事案に係る取引

　中国人インバウンドの売上が大きく減少する見込みとなった状況下において
も，MTGは中国国内での需要の成長は今後も維持し，ECサイトにおける販売
を中心に売上が好調に推移すると考えた。そのためMTGグループにおける期
待とプレッシャーは中国国内での売上を司るMTG上海（IM副総経理）と，そ
の主幹部署であるグローバルブランド事業本部（本部長はH常務）にのしかかる
ことになった。

　このような厳しい状況下において取り組まれたのが，本件疑義取引の一つ
であるC社に対する中国越境ECサイト運営会社を仕向け先とする売上取引で
あった。

　中国向けEC取引に関して，MTGはa１社グループに独占販売権を付与する契約を締結していた。2018年の後半に入るころのグローバルブランド事業本部において，中国向けEC取引の拡大に向けては，他の大手ECサイトを運営する会社とも取引を開始して販売チャネルを拡大する必要があると受け止め，a１社との間の独占販売権の解約に向けた検討を始めた。

　他方，従前からMTGにおける海外現地法人向けの商品輸出を代行してきたC社がこの商流に参加することを希望していた。このようなMTGとC社の考えが合致した結果，2018年９月から12月にかけて，ReFaがC社に向けて売り上げられた。

　MTGは2018年11月13日に18年９月期の決算を公表した。決算結果は５月29日に公表した公表値（開示MP）を僅かながら上回るものであったが，もしC社向けの2018年９月の売上11.5億円がなければ，売上高及び当期純利益は開示MPの達成は出来ていなかった。

(4)　止まらぬ売上の失速と危機意識

　MTGが18年９月期の決算発表時に公表した19年９月期の連結業績見通しは，売上高700億円，経常利益100億円，当期純利益63億円であった。しかし，2018年12月４日付の経営資料では，2019年１月単月及び第２四半期の業績予想が赤字となった。MTGにとって，赤字への転落は，これまでに経験したことのないほど逼迫した危機的状況と受け止められた。

(5)　上海案件に係る取引とトーマツへの虚偽説明

　このような状況下において取り組まれたのが本件疑義取引の一つである2019年１月のA社向け売上取引と同年３月のB社向け売上取引（上海事案に係る取引）であった。もし，A社向けの2019年１月の売上約83百万元（約13.7億円）がなければ，同月は単月で赤字になっていた。

　2019年１月のA社向けの取引の実体は，その先にいるB社向け取引であった。MTG上海のIM副総経理は，2019年１月のこの取引について，監査法人にB

社の名前を出して説明するのはよくないと考え，H常務と相談した上で，A社からの卸先が中国の銀行である（銀行が行うキャンペーンにおけるギフト用商品である）との虚偽の説明を考案し，監査法人に対してそのような虚偽説明を行った。

A社を経由したB社向けの取引は，EC販売サービスのパフォーマンス向上を目的として，a1社以外に新たなパートナーを選定し直すことから始まった。B社は4社の候補の中から新たに選定したパートナーである。

2018年12月15日時点において，MTGグループ全体の18／3期の売上高及び当期純利益の見込みはそれぞれ12,995百万円及び−160百万円であり，赤字が予想されていた。1月単月でも−271百万円の赤字が見込まれた。第2四半期及び1月単月の黒字化のため，H常務はMTG上海に売上実績を上げることを繰り返し指示した。第3四半期中に，今後予定しているReFa基幹店の新パートナーであるB社と数十億円規模の大口の取引を成立させることができれば，赤字回避に貢献することができる状況であった。しかしMTGグループ内の手続上，新しい取引先との取引開始にはMTG本社と上海の決済が必要であり，そのためには信用調査機関のレポートが必要になる。新たにレポート作成を依頼すると入手までに約1か月を要するので，MTG上海では1月中に決裁を得て，B社との間で取引を成立させることは現実的に不可能であると判断した。

そこで，長年取引のあるA社を経由してB社に販売する商流を企画し，A社の承諾を得た。入庫確認書及び納品書によると，遅くとも1月30日付でB社向けの商品がA社倉庫に納品がなされた。

7　2018年9月〜12月のC社向け中国越境ECサイト用売上

(1)　取引の概要

2018年9月から12月の間，MTGとC社の間で行われた取引について，下記のとおりMTGはC社に対する納品をもって売り上げに計上し，同額の売掛金を認識した。

会 計 年 度	計 上 月	売上計上額
18年9月期	18年9月	1,149百万円
19年9月期	18年10月	1,100百万円
同上	18年11月	1,001百万円
同上	18年12月	978百万円
取 引 合 計		4,228百万円

　売上計上に伴って生じた売掛金は，C社に対する他の取引に係る売掛金と合わせて通常どおり回収された。そのため，19／3期末現在で同取引に係る未回収残高はない。

(2)　調査により判明した事実

ア　C社取引開始前（2018年8月以前）の事実

　C社は，MTG商品の韓国向けの輸出を行っており，韓国向け輸出は18年春当時約110億円の年商を上げていた。韓国におけるMTG商品の売上のほとんどは，中国内での転売を目的とする中国人による購入に依存していたので，中国税関での輸入規制の強化が始まるとともに，中国の新EC法が規制強化の方向で改正されることとなったため，MTGの韓国向けの輸出の規模は年商20〜30億円規模に縮小することが見込まれていた。

　2018年7〜8月頃，MTGのH常務からC社に対し，中国のECサイト運営会社向けの輸出業務の間に入りたいという意向に変わりがないか，との話が持ちかけられた。C社は韓国市場の大幅縮小に対する危機感を有していたことから，H常務の打診を受け，9月からMTGとの間で中国越境ECサイト運営会社を販売先とする取引（C社取引）を行うことになった。

イ　C社取引開始時（2018年9月）の事実

　C社取引開始当時，MTGはC社に対し，中国越境ECサイト運営会社各社が，10月からC社の在庫を買い取る見込みであると説明しており，C社もそれを前提に取引を行った。

ウ　C社取引開始後（2018年10月以降）の事実

　C社取引開始当時は，2018年9月のほかには同年12月に18億円相当の商品を

MTGからC社に出荷することが予定されていたが，MTGからの要請により10〜12月に毎月出荷され，且つ，取引の総額も当初予定より多額となった。なお，出荷された商品はいずれも日本国内のC社倉庫に納品・保管されている。

　10月になっても中国の越境ECサイト運営会社からC社に対して注文が入ることはなかった。その理由として，C社担当者がMTGから受けた説明は，中国EC市場で例年11月11日前後に行われる年間最大のセールイベント「ダブルイレブン」に備え，中国越境ECサイト運営会社がいずれも大量の在庫を抱え込んでしまったため，というものであった。

　そのような状況で膨大な在庫を抱えることになったC社は，当初の約束どおりにC社取引を行うことができないとして，MTGに対してMTG上海がC社にPO（PURCHASE ORDERの略語）を提出すること，及びMTG商品の販売計画を提出することを求めた。求めに応じてPOが作成され，結局，MTGではC社取引によってC社に納入され，C社が保管している商品すべてについてMTG上海が買い取る形になった。

　C社取引は，C社とMTGとの間で売上が急激に増加している点で，会計監査人も関心を寄せるものであった。そのため，会計監査人はC社の販売先について経理部に対して問い合わせるなどしていたが，経理部からは，販売先はC社が決めることなので自分たちには分からない旨の回答がなされるのみであった。当時，C社との取引についての約束事やその販売先が決まっていないことは経理部には伝わってはおらず，その事実を知っていたのは，C社取引において主体的に動いた関係者のみだった。

　以上のとおり，C社取引は18年9月期決算における目標利益を実現させたいと考えていたMTGと，MTGの中国越境ECサイト運営会社向けの取引に関与したいと考えていたC社との利害が一致する取引として始まったものである。しかし，取引開始後の事情により，当初の計画どおりには進まないこととなり，結局，MTG上海によるPOの発行やMTG本社による返品受付合意といった対応をせざるをえなくなった。

　C社取引については，最終的にはC社在庫の返品合意がなされていることか

127

ら，NTGの売上が実現しているか否か，MTGの売上計上時点で，商品の所有に係る重要なリスクと経済価値がC社へ移転したと評価できるか否かが問題になる。第三者委員会では，MTGの行為を総合的に判断すると，C社に出荷・納品された商品について，重要なリスクと経済価値がC社に移転したと評価するのは合理的でないと考えている。

8　原因究明

(1)　本件疑義取引等と各人の関与

本件疑義取引についての発生原因や各関係者の責任などを，第三者委員会の報告書を基に以下に記載する。

越境EC取引事案におけるC社取引について，C社に商品を買い取ってもらうべく，C社の販売先を自ら探そうとし，それがうまくいかない場合に備えて返品に等しいPOを発行した直接の関与者はHIグローバルセールス＆マーケティング部長のほか，MTG上海のIM副総経理であるが，C社取引を開始したのも，HI部長が指示を仰いでいたのも，いずれもMTGのNo.2であり，グローバルブランド事業本部長でMTG上海の董事長でもあったH常務である。

また，上海事案のA社及びB社との取引と，A社取引に係る会計監査人への虚偽説明は，IM副総経理が主導したが，このことが社内で問題として取り上げられ，正されなかったのは，むしろ本来諫めなければならないIM副総経理の上司であったH常務が積極的に指示・加担したからである。

H常務は海外事業全体の最高責任者であり，松下社長との同年配でMTGの創業期とその後の発展を支えた社内古参メンバーの一人である。

取引において納品をなせば，その時点で売上を計上でき，それによる売掛金が後日回収されさえすれば問題はない，という不正確な理解の上に立って納品の時期を早めることにより，必達目標とする数値を達成しようとした。

A社との取引では，いまだ社内で必要な稟議の承認も得ておらず，A社からB社への販売に関する契約もできていなかったため，A社の販売先を銀行であ

ると会計監査人に虚偽の説明をしたのはIM副総経理だが，IM氏から相談・報告を受けて，知悉し，承認した上で，それを継続させたのもH常務である。

(2)　松下社長の経営姿勢

本件疑義取引等のように，実体の売上より高い売上を作出する手法や，上司の意向を忖度する企業文化を醸成したのは，他ならぬ松下社長の経営姿勢である。

松下社長はMTGを創業し，自らのアイデアに基づいて同社のヒット商品を次々と世に送り出し，この10年間連続して増収による急成長を遂げて，最終的に同社を上場にまでもっていった立役者である。

上場後も創業者且つMTG株式の過半を所有する大株主でありつつ，人を引き付ける人柄で尊敬を集め，自身の経営姿勢や哲学を圧倒的なものにするとする雰囲気が醸し出された。

松下社長を敬愛する社員には，松下社長を喜ばせたい，認められたいという思いから，松下社長の期待に反する内容の報告をためらうところが見受けられ，当委員会の調査に対してそのように発言する幹部従業員が多い。

松下社長自身も，上場に際して開示した業績見込みに係る公表値を重視し，これを下回ったら市場から信頼を失いかねないという重いプレッシャーを受けていた様子が窺われるところ，そのような社長の姿勢や思いは，取締役や執行役員，部長をはじめとする役職員に広く共有され，役職員を縛っていったとみられる。

また，松下社長は，売上の下落を食い止めるべく，第三者をして香港に会社を設立させ，私財を投じてまでMTGの商品を買い取らせるというスキームを考案することで，MTGの売上を上げようと考えた。松下社長自身は，会社のための自己犠牲的な行動と考えていたが，これが実現していれば，公私を混同した結果，企業の実体を反映しない数値を経営成績として開示し，これにより投資家の目を欺くに至るものである。松下社長が，本件疑義取引等について，部下等の行為を看過しただけでなく，自らかような行為にまでは走ろうとした

という点は，本件疑義取引等に至った関与者を取り巻く環境が生じた一要因をなすものとして指摘されねばならない。

　市場への誠実性を正しく理解せず，公表数値を頑なに重視する経営姿勢をH常務ら経営幹部が過度に顧慮し，あるべきところ以上に忖度した結果，本件疑義取引等が生じたと思われる。

　以上の第三者委員会の報告からは，経営者の情け容赦のない高圧的なプレッシャーに忖度して，やむなく部下を不正行為にまでに追い込んだ事例とは異なる粉飾の一面が読み取れる。

　理想の社長が，最後の経営判断を誤ると，これまでの温情や業績が灰燼に帰すところか，犯罪者に転化する恐れがあることを示す事例である。

　10年に亘って成長を続けてきた結果上場を果たしたのだが，上場の時期が中国での輸入規制の強化などにより業績低下が始まる時期と重なったのも，本件疑義取引等の原因に挙げることができる。上場をしていなければ，環境変化により業績が大きく落ち込んだとしても，これまでの利益の内部留保を利用し，新商品を開発して別な展開ができたかもしれない。

　上場直後に業績が低下したのを隠すために不適切会計処理を行った例に，株式会社ナガオカがある。

　ナガオカは2015年6月にジャスダックに株式を上場したが，事実上の上場初年度といえる16年6月期には売上高が約半減して31億円になり，8億円強の純損失を計上，翌17年6月期も8.3億円の純損失が続いた。

　上場早々赤字を計上するのでは信用を失墜すると考えたのか，下記のように，工事進行基準の不適切な適用により売上高を240百万円過大計上した。

　15年6月期の第4四半期に，マレーシアサバ州と，大阪府内での浄水場案件を売上に計上する予定であったが，マレーシア案件は先方の都合で入札すら行われていなかった。しかし，当社の事前工作により成約が確実であり，現地で工作を担当している協力企業からは前受金も入手しているので，15年6月期の売上高に計上した。

　大阪府内の案件は，工事進行基準を適用しているのだが，不適切な進捗度の

見積もりにより，15年6月期の計上額は239百万円過大計上（先行計上）になっているし，売上総利益も98百万円だけ過大計上になっている。このため，16年6月期の売上高が36百万円，17／6期の売上高が55百万円過小計上になっている。

　上場が粉飾を呼び込んだとしても，上場が粉飾の原因だということはできない。

　本来，株式会社などは適正な開示義務の義務が課せられているのだが，上場会社には，投資家などの利害関係者の判断を誤らせないため，特に厳しく，適正な開示が求められる。

　上場する以上は，コンプライアンス意識に徹して，正しい開示に努めなければならないことを，肝に銘じて順守する必要がある。それでも人間である以上，過ちを犯すこともありうるので，内部統制機能の充実に努め，監視役の意見などを忠実に守ることを誓う必要がある。これらの体制を固めた上で，いかなる場合にもコンプライ精神を守る決意ができた上でなければ上場などしてはならない。それに，「開示は人のためならず」なのである。

9　財務諸表への影響について

　図表3－6はMTGの16年9月期から19年9月期までの，主要損益項目と要約貸借対照表の推移表であり，19年9月期については第1四半期（18／12期）及び第2四半期（19／3期）の数値も記載してある。18年9月期，18／12期及び19／3期については不適切会計訂正後の数値も併記してある。また，15年9月期について一部の項目の金額を記載してある。

図表3－6　株式会社MTG

（単位：百万円）

	15/9(個別)	16/9(連結)	17/9	18/9	訂正後	18/12	訂正後	19/3	訂正後	19/6	19/9
売 上 高	20,837	29,480	45,325	60,465	58,377	14,006	10,312	24,690	18,212	27,718	36,046
売上総利益		19,041	28,775	36,566	36,541	8,855	6,246	15,175	9,930	14,901	16,044
利 益 率		64.59	63.49	60.47	62.59	63.22	60.57	61.46	54.56	53.76	44.51
経 常 利 益	1,136	3,494	6,120	8,882	6,936	1,321	-1,283	797	-4,406	-7,421	-14,698
税前純利益		3,453	5,777	8,841	6,815	1,321	-1,283	429	-4,775	-8,712	-24,752
当期純利益	751	2,421	4,306	5,513	4,002	719	-1,959	53	-5,762	-9,625	-26,214
現 金 預 金		4,823	5,215	30,055	30,055	29,998	29,998	30,639	30,639	24,094	13,886
売 上 債 権		4,079	6,228	10,784	9,133	7,839	5,079	7,819	5,042	4,363	3,710
回 転 期 間		1.66	1.65	2.14	1.88	1.68	1.48	1.90	1.66	1.42	1.24
棚 卸 資 産		3,268	7,507	11,703	12,919	11,644	13,740	12,078	13,975	12,579	7,785
回 転 期 間		1.33	1.99	2.32	2.66	2.49	4.00	2.94	4.60	4.08	2.59
そ の 他		1,766	2,796	3,017	3,584	2,028	2,359	2,102	2,192	4,840	4,244
流動資産計		13,936	21,743	55,559	55,691	51,509	51,176	52,638	51,848	45,876	29,625
回 転 期 間		5.67	5.76	11.03	11.45	11.03	14.89	12.79	17.08	14.90	9.86
有形固定資産		1,774	10,784	14,432	14,432	14,535	14,535	14,617	14,617	14,729	9,537
回 転 期 間		0.72	2.86	2.86	2.97	3.11	4.23	3.55	4.82	4.78	2.38
無形固定資産		269	738	792	792	944	944	633	633	925	21
投資その他		493	759	1,338	1,307	2,428	2,186	2,575	2,287	2,655	1,770
固定資産計		2,536	12,281	16,562	16,531	17,907	17,665	17,825	17,537	18,309	11,328
回 転 期 間		1.03	3.25	3.29	3.40	3.84	5.14	4.33	5.78	5.94	3.77
資 産 合 計	11,846	16,472	34,024	72,121	72,222	69,416	68,841	70,463	69,385	64,185	40,953
回 転 期 間	6.82	6.71	9.01	14.31	14.85	14.87	20.03	17.12	22.86	20.84	13.63
仕 入 債 務		1,697	4,673	4,984	6,270	4,116	5,218	3,731	4,527	3,451	1,034
回 転 期 間		0.69	1.24	0.99	1.29	0.88	2.68	0.91	1.49	1.12	0.34
借 入 金		142	5,762	0	0	502	502	1,475	1,475	1,457	0
借入金依存度		0.86	16.94	0.00	0.00	0.72	0.73	2.09	2.13	2.27	0.00
そ の 他		4,028	7,159	7,587	7,908	4,647	7,150	10,782	11,038	10,819	8,199
負 債 合 計		5,867	17,594	12,571	14,178	9,265	12,870	10,782	17,040	15,727	9,233
回 転 期 間		2.39	4.66	2.49	2.91	5.95	3.74	2.62	5.61	5.11	3.07
純 資 産	8,245	10,607	16,431	59,551	58,045	60,153	55,973	59,684	52,346	48,454	31,721
内利益剰余金		9,922	14,213	19,705	18,194	20,361	16,171	19,695	12,368	8,505	-8,076
自己資本比率	69.60	64.39	48.29	82.57	80.37	86.66	81.31	84.70	75.44	75.49	77.46

　MTGは18年7月に上場した会社なので，16年9月期からの財務諸表と15年9月期の一部の財務データしか得られないが，入手できたデータで，売上高及び当期純利益の年度ごとの増減率は下記のとおりとなる。

図表3－7　売上高，当期純利益増減率推移表

（単位：百万円）

年　　　度	売 上 高	増 減 率	親会社帰属期純利益	増 減 率
15年9月期	20,837		751	
16年9月期	29,480	41.5%	2,421	223.7%
17年9月期	45,325	53.7%	4,316	78.3%
18年9月期	60,465	33.4%	5,513	27.7%
18年9月期訂正後	58,377	－3.5%	4,002	－27.4%（訂正前との比較）
19年9月期	36,046	－38.3%	－26,214	－
20年9月期(予想)	32,000	－11.2%	－2,500	－

　図表3－7によると，18年9月期までは，売上高，当期純利益ともに通常の企業では考えられない程の高い伸び率で増加しており，上場を目指しての粉飾の疑いも持たれるほどだが，ReFaブランドの美容グッズや腹筋・ウエストを鍛えるSIXPADなどのヒット商品がインバウンド客の爆買いの対象になっていて，生産が需要に追い付かないほどの売れ行きを示したことなどを考慮に入れると，決して無理な数値ではない。

　急速な成長にも関らず，財政状態も充実していて，上場直前の17年9月期における自己資本比率は48.3%が，上場直後の18年9月期末には82.6%に達している。

　上場後1年もたたない19年5月には不適切会計処理が発覚し，財務諸表の訂正をしたのだが，粉飾期間は，インバウンド客の爆買いなどが終焉した18／9期と18／12期の2四半期において行われ，売上高水増し額は，18／9期に2,088百万円，18／12期に3,694百万円，合計5,782百万円であり，親会社株主に帰属する当期純利益でも18／9期に1,511百万円，18／12期に2,678百万円，合計4,189百万円だが，粉飾利益を取り消しても18／12期末の自己資本比率は訂正前の86.7%から5.4ポイント低下しただけで，依然として81.3%の高率を維持している。

　問題は，最大の市場である中国への輸出とインバウンド客の爆買いが激減したことであり，19年9月期には売上高が一挙に38.3%も低下し，26,214百万円

の純損失になった。この損失には，不適切会計処理の後遺症による損失や構造改善費用が含まれているため膨大な金額になったのだが，20年5月14日の発表によると20年9月期に25億円の純損失が予想されている。業績の急激な落ち込みが制度や税制の変更によるものなので，短期間に回復するものでないと思われる。

　これだけの損失を出しても，20／3期末でも31,048百万円の純資産が残っており，総資産の縮小もあって，自己資本比率がなお83.5％の高率を維持していることが救いである。

　この純資産を元手にして，社長の優れた商品開発力でもって新商品や新市場の開発に取り組めば，自力での再建は可能と考えられる。

第4節
ユー・エム・シー・
エレクトロニクス株式会社の粉飾

1 はじめに

　第4節には，中国及びタイの連結子会社において，それぞれに不適切な会計処理が判明したことを発表した，東証第一部上場のユー・エム・シー・エレクトロニクス株式会社（以下，UMCという）のケースを，同社の有価証券報告書と，19年10月28日付のUMC外部調査委員会の調査報告書をもとに，同社中国グループのケースに絞って紹介する。

2 会社概要

(1) 沿　　　革
1988年1月　株式会社内山製作所（現UMC本社）を設立（資本金1,000千円）
1992年1月　商号をユー・エム・シー・エレクトロニクス株式会社に変更
2010年8月　埼玉県上尾市に本社を移転
2016年3月　東京証券取引所市場第一部に株式上場

(2) 主要経営指標等の推移
　図表3-8は，UMCの15年3月期から，19年3月期までの訂正前主要連結経営指標の推移表であり，19年3月期の同社有価証券報告書から抜粋したものである。

図表3-8　主要経営指標推移表

	15年3月期	16年3月期	17年3月期	18年3月期	19年3月期
売上高（百万円）	113,567	110,052	111,916	125,677	139,563
経常利益（百万円）	2,499	2,106	2,160	2,076	1,030
親会社株主に帰属する当期純利益（百万円）	1,525	1,814	1,306	1,518	858
純資産額（百万円）	11,389	15,964	16,637	18,208	26,588
総資産額（百万円）	54,164	56,723	60,628	65,879	79,793
従業員数（人）	9,231	8,811	10,862	10,495	10,475

(3)　事業の内容

車載機器	電動車向け電装系，起動・発電機器，エクステリア系，スピードメーター類，車内環境制御機器，セキュリティ機器，カーオーディオ機器等の車載用電子機器
産業機器	インバーター，半導体試験装置，電源，医療機器等の電子機器
OA機器	プリンター，複写機等の電子機器の供給
コンシューマー製品	デジタル家電・AV・エアコン等の電子機器の供給
情報通信機器	光ピックアップユニット
その他	

(4)　UMC中国グループの概要

2000社 （香港会社）	UMC中国における中国国外への製品の販売等に当たっては原則として2000社を通じた販売等が行われる。 主な取引として2200社との来料加工事業（2000社で仕入れた原材料を2200社に無償で提供して生産・加工の委託を行い，加工費のみ支払って製品を引き取る取引形態），2100社及び2500社に対する原材料等の売却，及び香港や第三国の取引先への製品販売等を行っている。 来料加工事業は2200社との間でのみ行っており，2100社，2400社との取引は通常の売買取引である。機能通貨は米ドル（USD）
2100社 （東莞工場）	2000社経由で仕入れた原材料等を利用し，中国国内向け製品の製造販売を行っている。輸出ライセンスを有していないため，中国国外向け販売は行っていない。機能通貨は人民元（RMB）

2200社 (東莞工場)	2000社との来料加工事業のみを行っており，2000社から提供を受けた原材料を生産・加工し，2000社に製品を引き渡す。機能通貨は人民元。
2300社 (平湖工場及び坂田工場)	2工場で製造を行っていたが，16年に2500社に事業を全部譲渡し，現在は休眠中。機能通貨は人民元。
2400社 (橋頭工場)	2000社がEE社の中国子会社の株式を15年9月に取得することでグループ会社化した。 成形事業を運営しており，受注生産で金型の製作，成型品の出荷等を行っている。2000社経由で仕入れた原材料等を利用し，中国国内向け販売，2000社を通じた海外向け販売のいずれをも行っている。機能通貨は人民元。
2500社 (橋頭工場)	2300社で行っていた事業について，16年に事業譲渡を受けた。2000社経由で仕入れた原材料等を利用し，電子基板等を主として製造，中国国内向け販売，2000社を通じた海外向けのいずれをも行っている。機能通貨は人民元。

3　不適切会計処理の調査により判明した事実

(1)　不適切な会計処理の背景及び経緯

【過大な目標設定】

　各グループ会社が，それぞれに各年度の予算や毎月の売上目標を策定するが，予算や売上目標設定には，B社長を中心とした経営陣により，必ずしも十分な根拠もなく，毎年売上高について，2桁成長を目指す等の過大な目標が設定されることが多く，特に，赤字予算は絶対に認められないという風潮も存在していた。

　設定された目標に合わない予算や売上見込みは承認されず，設定された過大な目標に近い営業利益の数値が出るまで，見直し及び再提出が繰り返し求められることが常態化していた。更に営業部では各人に売上目標を課せられ，売上目標を達成できなかったことを理由に，事実上解雇された従業員も過去には存在した。このような背景の下，何としても経営陣が策定した目標を達成する必要があるとの雰囲気がUMC中国グループ内に蔓延していた。

137

【三本部制の採用】

　UMCグループにおいては，オーナー社長のＢ社長への権限集中及び世襲制の脱却を目的として，営業本部，製造本部及び管理本部の三本部制を採用し，各本部長に均等な権限を与え，実務は各本部長が主体となって進めて行くことが想定されていた。

　しかし，UMCは製造メーカーであるため，実際には製造現場での人員が多く，製造現場が社内的に重視された。管理本部に予算を割くと利益が減少してしまうこともあり，管理部門は発言力が弱く，日々発生する業務に対応する十分な人員が確保できているとも言えない状況が続いていた。

　このような状況の下，製造本部長であったＣ氏が，UMCグループでの最大の海外拠点であるUMC中国グループの董事長も兼任していたこともあり，Ｃ氏への権力集中が進み，Ｃ氏に異議を唱えられるものは，UMC中国グループ内にいなくなった。

【営業TPの優先】

　UMCにおいては，予算や売上目標達成を図る基準として，営業TP及び財務TPという２つの概念を用いている。TPとは，Throughputの略である。各TPの概念は下記のとおりである。

①　財務TPについて

　財務TPは，売上高から原材料費を控除した金額として，経理・財務部門が算出する数値であるが，ここでいう原材料費とは，期首実地在庫と期末実地在庫の差と期中の仕入高との和を意味する。この期首及び期末在庫には製品，仕掛品については，月次の原価計算を終了した単価で計上されるため，加工費も財務TPの評価に含まれている。

　財務TPは経理・財務部門が実績値として算出する数値であるが，期首及び期末の実地在庫の比較を行うため，仕損品や棚卸減耗費も算定時に考慮されることになる。

②　営業TPについて

営業TPも，売上高から原材料費を控除した金額であるが，原材料費は，各営業担当者が顧客に対する見積を作成する際に使用された原材料毎の見積単価と使用数量の情報を基に計算された，いわば見積ベースの原材料費である。

SAP（製造・財務基幹システム）上，原材料の単価は移動平均単価が採用されており，都度更新されていくが，営業部が顧客に見積もりを作成する際に使用する見積単価は，資材調達部門から各見積作成時に取得した単価情報に基づくものであり，実際の各原料の単価を正しく反映していないことがあった。したがって，営業TPにおける見積ベースの原材料費は，財務TPの実績値に基づく原材料費とは一致しない。

③　営業TPの優先

財務会計上の数値としては予測に基づく営業TPでなく，実績に基づく財務TPが正しい数値として扱われるべきだが，管理部門に十分な予算が割かれないため，管理部門は慢性的な人員不足及び管理能力不足に陥っていたことなどもあって，営業TPが正しい数値として扱われる風潮があり，財務TPを営業TPに合わせる形で財務会計上の数値が事後的に調整されるという構造的な問題が存在した。

UMC中国グループでは，営業TPに基づく月次業績の速報値が翌月第2又は第3営業日頃にグループ内で配信され，この速報値があたかも月次の確定的な実績値であるかのように取り扱われていた。財務TPとの数値に差異があっても，製造本部長で中国グループの実質的トップであったC氏が営業TPを重視していたこともあり，営業TPの数値が優先された。財務と営業TP間の差異の原因が解明されずに，財務TPを営業TPに合わせる形で不適切な会計処理を事後的に行うことにより調整せざるを得ない場合もあった。

中国グループでは，グループの6社が2000社を中心としたサブ連結の対象となる等，多数の会社が存在したことに加え，2000社との間での製品の受け渡しに伴う売上認識時点の差異や，各社の標準原価の差異，2000社の機能通貨であったUSDと他社のRMBとの為替差損益の影響など相当量の会計処理が必要

であった。しかし，管理本部に人員及び管理能力が不足していたことから，財務部が誤った財務TPを算出することもしばしば見受けられた。実際に財務TPに誤りがない場合でも財務TPが正しいことを示すに足りる根拠を示すことが困難であり，結果的に営業TPを重視する風潮に歯止めをかけることができなかった。

　上記に加え，設定された予算目標は必ず達成する必要があるとの風潮の下，財務部が目標に達しない財務TPを算出すると，C氏を中心とした経営陣から再確認を繰り返し要求され，予算目標達成に向けた強いプレッシャーに晒された。財務TPが営業TPに近い数値になるよう見直すことを強く要求された。こうした状況下，財務部は時には不適切な会計処理を行うことで，財務TPを営業TPに合わせる形で財務会計上の数値を調整することまでも余儀なくされた。

④　10.5問題

　UMC中国グループにおいては，2011年9月から，製造，販売及び財務を一括して管理する目的で，新たな基幹システムとしてSAPを導入した。SAPの導入に伴い，2011年8月末の在庫について実地棚卸を行い，その結果をSAPに一括入力し，その余の数値については8月の月次決算上のデータを一括入力した。

　SAP導入時に，財務担当者がSAPに入力された勘定科目の明細を照合精査したところ，一括入力された買掛金明細と貸借対照表上の買掛金勘定残高とで約10.5MUSD（百万米ドル）の不整合（貸借対照表上の買掛金の金額の方が小さい）が生じていることが判明した。(以下，「10.5問題」という)。この問題はUMCグループが始まって以来の異常事態であるとして問題視され，UMC本社の経理担当者がUMC中国グループに派遣され，調査を実施した。

　同調査は，UMCグループとして当時の主要なステークホルダーであった金融機関等への説明が必要であった（当時，UMCは未上場であった）こともあり，顧問弁護士及び顧問弁護士が起用した公認会計士の助言も得ながら，長時間をかけて進められ，報告書が作成された。

10.5問題報告書によれば，約10.5MUSDの買掛金差異のうち11年3月期決算以前に発生した差異値が約7.9MUSDであり，この金額は12年3月期の連結決算で期首利益剰余金の減少として計上し，残り2.6MUSDは同連結決算で，売上原価として計上している。

また，同報告書では，問題の主な原因は，原材料の仕入先からの請求書の送付が遅れるため，買掛金の計上が遅れたこと，及びSAP導入以前に利用されていた旧ERPシステムは財務システムと連携がなく，当該状況を把握できなかったことを挙げており，不適切な会計処理は存在しなかったと結論付けている。

しかし，外部委員会のヒアリングによれば，10.5問題の背景には，財務TPを営業TPに合わせる形で修正するべく，買掛金の計上を意図的に遅らせていたという不適切な会計処理が存在していた。

10.5問題での買掛金差異は10.5MUSDと報告されているが，実際の差異はこれを上回っていたことが，12年3月頃には中国グループの一部において共有されていた。しかし，10.5MUSDという金額が先行して共通認識になっていたため，その時点で処理されず，本件調査開始時点まで処理が行われていなかった。

かかる未処理の差異と推定される金額は約4.7MUSDである。

⑤　12年3月期リカバリープラン

12年3月期においては，10.5問題とは別に，UMC中国グループの決算状況が当初の予算を大幅に下回っていて，10.5問題による営業損失計上を除外しても約4.8MUSDの赤字となることが判明した。

当時UMCグループでは，主要なステークホルダーである金融機関に説明していたのと合致しないものであったため，UMC中国グループの営業利益をかさ上げさせる必要があるとの判断がなされた。この判断はUMC中国グループの経営陣のみならず，B社長，A取締役会長並びに当時取締役管理部長であったK氏を中心としたUMC本社の総意で行われたものであった。

結果的に総計5.05MUSDの営業利益のかさ上げが行われた。その主たる調

整方法としては，⑴期末時点の在庫単価を過去入荷最高価格に単価調整する方法，⑵UMCグループ内の取引における売上計上時期の調整，⑶試作立上開発費のUMC本社への請求（UMC中国グループからUMC本社に対する売上の計上）等が挙げられる。⑴の期末在庫の単価調整は，12年3月期の調整においてはじめて行われ，それ以降現在に至るまで続いている。

　各調整方法のうち，特に金額が大きい⑶については，UMC本社が営業窓口になっていた顧客に対する立上費用のうち，UMC中国グループにおいて負担していたものについて，2000社からUMC本社に対して約2.1MUSDのデビットノートを発行したもので，顧客が負担に応じないなどで，回収できない場合には，実態のない売上計上になるので，UMC本社から2000社への利益の付け替えとなるものである。同様に⑵も，UMC中国グループからUMC本社に対する売上計上を前倒しして先行計上するものであり，結果として13年3月期以降の損益が悪化する。

　リカバリープランとして実施された約5.05MUSDのUMC中国グループの利益調整の内，⑶の調整については，その妥当性はともかく，UMC本社が最終的に負担するという内容であったため，UMC中国グループの翌期以降の損益への影響はなかった。これに対して，その他の調整方法は，特段の措置を講じない場合は翌期のUMC中国グループの損益が悪化してしまうものであった。そのためD氏及びUMC中国グループの財務部は，UMC本社負担分2.1MUSDを除いた3MUSDについては，翌期以降にも期末時点の在庫価格を過去入荷最高価格に変更する方法で調整を行って，損失を繰り延べすることを決定し，C氏もかかる調整方法を認識していた。この約3MUSDの在庫単価調整については，一部減額されてはいるが，本件調査開始時点においても残存しており，不適切会計処理として引き継がれている。

⑵　売上に関する不適切な会計処理
①　イニシャル費用の個別請求に基づく売上
UMC中国グループでは，新たに受注した製品を生産するための生産ライン

設置費用等の初期費用を「イニシャル費用」と称している。イニシャル費用は原則として顧客から回収することになるので，営業担当者が顧客と請求交渉を行い，顧客の同意を得られたものについて，業務管理課がデビットノートを発行して売上計上を行う。

11年頃より高い売上目標設定等を背景に，営業部に対してイニシャル費用を積極的に請求することへの強いプレッシャーがかけられた。このような状況下では，本来は顧客の同意を得てから行うべきデビットノートの発行を，営業担当者が顧客の同意を得る前に業務管理課がSAP上でデビットノートを発行するという操作が行われていた。

業務管理課のデビットノートの発行は売上計上時点では必ずしも営業担当者に知らされていないため，営業担当者が別途顧客に対して請求・回収を行った場合にも，業務管理課が行ったデビットノートが取り消されずに二重計上している状況が発生した。このように，業務管理課が先行して発行したデビットノートにより，回収可能性のない売掛金が計上され，事後的に社内の未回収売掛金リストに掲載されることとなった。

未回収売掛金リストの残高は14年3月期末時点で約1.9MUSDとなっていた。

②　DD社に対するイニシャル売上

UMC中国グループがBB社から受託した基板開発及び量産の生産では，空調設備の導入や専用生産ラインの創設等に多額のイニシャル費用を要したが，大量生産・販売を前提として，自社負担を予定していた。しかしながら生産・販売台数は当初の想定から大幅に縮小したので一部負担を請求することを決め，同社の同意を得る前にデビットノートを発行・送付して売上を計上した。その後BB社は当該事業をCC社に譲渡したため，上記売掛金の回収についてはCC社と交渉することになり，交渉の結果，CC社に以後販売する別の製品の販売単価に上乗せによって実質的に回収する旨の取り決めがなされ，その後実際に回収も進んでいったが，上記のデビットノート発行分については回収可能性がないとの認識がなされながらも，取り消されることはなく，長期未回収売掛金が残存することになった。

　上記に加え，特に2014年から2015年頃にかけ，DD社に対して多額の未回収売掛金が発生しており，2015年5月における未回収残高は3.1MUSDであった。未回収残高発生の原因は請求業務の処理ミスにより，製品販売価格が引き下げられた際に従来の高い単価でインボイスが発行されてしまったことや，有償支給の原材料の仕入価格引き下げの販売価格への反映が遅れ，引き下げ前の高い単価で売上を過大計上したことなどである。

　上記①②の未回収売掛金が，監査手続において滞留売掛金として取り扱われることを防ぐため，未回収売掛金について，同額のクレジットノートを発行して，当初の売掛金を取り消し，同時に同額のデビットノートを発行して，新たに売掛金を計上し直す方法で，売掛金の発生日を新しい日付に書き換える洗替処理を毎年行い，売掛金が滞留していないかのように偽装することになった。

　上記DD社に対する未回収売掛金は，C氏及びE氏を含めて検討の上，UMC中国グループがUMCベトナムから「技術支援料」との名目で，2016年4月から受け取るという形で未回収売掛金の原資を捻出することになった。

(3)　連結調整による仮売上の水増し計上

　香港法人である2000社は，単体決算書及びUMC中国グループのサブ連結決算書作成に当たっては「出荷基準」に基づき売上を認識している。これに対して，中国法人である2100社などでは，収益及び費用は「発票」とよばれる税務局が管理する証書を用いて税務申告することが義務付けられている。このため中国法人では「発票」の発行や受領のタイミングでもって収益や費用を帳簿に反映させる「発票基準」に基づき単体決算書では売上が認識されるので，「出荷基準」によるより収益が認識されるタイミングが遅くなることが多い。

　UMC中国グループのサブ連結において，中国法人で売上として認識されていない出荷済み製品を追加で仮売上に計上し，翌期に振り戻す処理をするのだが，意図的に売上単価と売上数量を水増しする操作が，SAPが導入された11年当時から行われていた。

　以上のほかにも，先行出荷処理による売上の前倒し計上などが行われていた。

(4)　売上原価等に関する不適切な会計処理

①　仮買掛金を用いた売上原価及び為替差損益の調整

中国では，発票がなければ税務上費用計上ができないが，取引先から発票が発行されるのは原材料納入後になるのが一般的であるため，原材料の納入時に「借方：仕入／貸方：仮買掛金」の仕訳を行い，発票受領後に確定買掛金に振り替える会計処理が通常行われている。

UMC中国グループでも中国法人全体として仮買掛金をいったん計上する処理方法が採用されているのだが，利益のかさ上げを目的に不適切な調整仕訳が行われていた。仮買掛金を利用した利益調整は，2016年にUMC中国グループの財務部のメンバーに入れ替わりが生じたころから頻繁に行われるようになった。

②　10.5問題時点で未処理となった買掛金残高の差異

前述の10.5問題に未処理のまま繰り越された買掛金差異がその後も処理されることなく残存していて，本調査において推察できた買掛金の計上不足額は約4.7MUSDである。

③　DD社との取引における売上原価の未計上

前述のとおり，UMC中国グループはDD社と古くから取引を行っていた。DD社との取引において，UMCが自ら原材料を調達する場合の他に，2000社がDD社より仕入れて2300社に加工委託を行い，加工後にDD社に売却する，いわゆる有償支給取引が行われていた。

有償支給取引では買掛金と売掛金の相殺後の差額がDD社で計算されて2000社に通知され，相殺後の差額が入金される。UMC中国グループでは入金額が正しいかを確認し，差異がある場合には原因を分析する必要がある。

この取引は2013年頃から急激に増加した。この取引には煩雑な会計処理を要するが，UMC中国グループでは財務部の人員は限られており，差異の原因分析が疎かになっていた。

DD社に対する買掛金差異について，取引終了後の2016年9月において，帳簿上の買掛金借方残高が約7.7MUSDで確定したため，この金額の買掛金計上

145

不足が生じていたが，本件調査終了時点まで処理がなされていない。

(5)　在庫に関する不適切な会計処理

　12年3月期に利益かさ上げのため，期末在庫の評価を過去入荷最高価格に単価調整する方法がとられたし，10.5問題の処理でも同様の方法で3MUSDの在庫水増しが行われた。この操作では翌期以降の売上原価が増えるため，順次同じ操作が繰り返えされてきた。

　2100社，2400社は，製品原価計算において，標準原価が採用されており，標準原価と実際原価との差額分は，単体決算では売上原価と棚卸資産にSAP上で自動的に配賦計算が行われていた。

　しかし，2016年1月から処理方法が変わり，各月の損益計算書への振替仕訳が起こされず，期末まで差額残高が繰り越される状態となった。

　19年3月期において2100社では手仕訳で調整する際のマイナス残高を増やすことにより，利益を水増しする操作が行われた。

　他にも，架空在庫の計上，仕損品の在庫計上や，棚卸資産に対する評価性引当金の過少計上操作などが報告されているが，掲載は省略する。

４　連結財務諸表への影響

　図表3-9は，14年3月期から19年3月期までの，不適切会計処理の損益各項目及び総資産，純資産への影響額の推移表であり，損益項目については6年間の累積額も記載してある。

　この表は，2019年10月28日付UMC適時開示「過年度の有価証券報告書等の訂正報告書の提出及び過年度の決算短信等の訂正に関するお知らせ記載の「訂正による過年度業績への影響」の表を加工したものである。

図表3－9　訂正による過年度業績への影響

(単位：百万円)

年　　　度	項　　　目	訂　正　前	訂　正　後	影　響　額	比　　　率
14年3月期	売　上　高	130,384	128,145	－2,238	－1.7%
	当期純利益	1,396	900	－495	－35.5%
	純　資　産	7,744	4,453	－3,290	－42.5%
15年3月期	売　上　高	113,566	109,660	－3,906	－3.4%
	当期純利益	1,525	986	－538	－35.3%
	純　資　産	11,388	6,997	－4,391	－38.6%
16年3月期	売　上　高	110,051	107,358	－2,683	－2.4%
	当期純利益	1,814	1,198	－615	－34.0%
	純　資　産	15,963	11,362	－4,601	－28.8%
17年3月期	売　上　高	111,915	111,782	－132	－0.1%
	当期純利益	1,306	520	－785	－60.2%
	純　資　産	16,636	11,210	－5,425	－32.6%
18年3月期	売　上　高	125,676	125,841	164	0.1%
	当期純利益	1,518	553	－964	－63.6%
	純　資　産	18,208	11,978	－6,229	－34.2%
19年3月期	売　上　高	139,562	138,665	－897	－0.6%
	当期純利益	858	－2,428	－3,287	－
	純　資　産	26,588	17,337	－9,251	－34.8%

　親会社の株主に帰属する当期純損益では6年間の影響累計額が6,684百万円であり，純資産への影響額9,251百万円との間に2,567百万円の差がある。このうち2,424百万円は13年3月期以前の影響額によるものであり，残りは為替換算調整勘定への影響額などによるものである。

　11年3月期から19年3月期まで9年間にわたって不適切会計処理が行われていたとして，年平均約10億円の当期純利益が水増しされていたことになる。また，株式を上場した2016年3月末にはすでに約46億円の利益が水増しされていて，内部統制が未整備のまま，粉飾により上場を果たしたことになる。

　図表3－10は，15年3月期から20年3月期までの損益計算書の主要項目と，要約貸借対照表の年度毎推移表であり，19年3月期までは，不適切会計処理訂正前のものである。

　19年3月期については，訂正後と影響額の金額も記載してある。

図表３−10　ＵＭＣ主要損益指標及び要約貸借対照表推移表

(単位：百万円)

	15年3月期	16年3月期	17年3月期	18年3月期	19年3月期	同訂正後	同訂正額	20年3月期
売 上 高	113,567	110,052	111,916	125,677	139,563	138,665	898	71,500
売上総利益	5,626	6,058	7,077	7,316	7,480	4,592	2,888	2,692
利 益 率	4.95	5.50	6.32	5.82	5.36	3.31		3.77
経 常 利 益	2,499	2,106	2,160	2,076	1,030	−1,828	2,858	−1,244
税前純利益	2,506	2,455	1,977	2,136	1,169	−1,897	3,066	−3,029
当期純利益	1,528	1,810	1,306	1,518	858	−2,244	3,102	−3,166
(貸借対照表)								
現 金 預 金	8,090	13,074	9,881	6,093	6,422	6,422	0	7,058
売 上 債 権	18,064	17,275	18,765	21,290	20,186	18,999	1,187	21,583
回 転 期 間	1.91	1.88	2.01	2.03	1.74	1.64	15.86	3.62
棚 卸 資 産	10,383	10,363	12,800	15,888	23,304	21,706	1,598	21,491
回 転 期 間	1.10	1.13	1.37	1.52	2.00	1.88	21.35	3.61
そ の 他	1,148	1,216	1,693	1,769	2,925	1,558	1,367	3,219
流 動 資 産	37,685	41,928	43,139	45,040	52,837	48,685	4,152	53,351
回 転 期 間	3.98	4.57	4.63	4.30	4.54	4.21	55.48	8.95
有形固定資産	13,734	13,154	14,819	18,638	24,479	23,302	1,177	22,762
回 転 期 間	1.45	1.43	1.59	1.78	2.10	2.02	15.73	3.82
無形固定資産	535	493	561	620	671	666	5	569
投 資 他	2,208	1,149	2,109	1,625	1,806	1,657	149	1,385
固 定 資 産	16,477	14,796	17,489	20,883	26,956	25,625	1,331	24,716
回 転 期 間	1.74	1.61	1.88	1.99	2.32	2.22	17.79	4.15
総 資 産	54,162	56,724	60,628	65,923	79,793	74,310	5,483	78,067
回 転 期 間	5.72	6.19	6.50	6.29	6.86	6.43	73.27	13.10
仕 入 債 務	17,049	16,584	19,337	20,787	22,657	25,453	−2,796	28,263
回 転 期 間	1.80	1.81	2.07	1.98	1.95	2.20	−37.36	4.74
借 入 金	21,431	20,439	20,205	15,846	22,817	22,817	0	26,867
借入金依存度	39.57	36.03	33.33	24.04	28.60	30.71		34.42
そ の 他	4,295	3,737	4,449	11,083	7,731	8,654	−923	10,395
負 債 合 計	42,775	40,760	43,991	47,716	53,205	56,924	−3,719	65,525
純 資 産	11,389	15,964	16,637	18,208	26,588	17,384	9,204	12,541
内利益剰余金	7,027	8,745	9,691	10,851	11,226	2,301	8,925	−2,117
自己資本比率	21.03	28.14	27.44	27.62	33.32	23.39		16.06

　損益計算書項目の推移では，売上高が，16年３月期と17年３月期の停滞期を除き，順調に増加が続いており，各段階の損益もやや減少傾向が続いているが，19年３月期を除きROEは最低の17年３月期でも7.8％だし，異常な変動も見ら

れない。異常のないのが利益操作によるものである疑いも持たれるが，公表情報からは，利益操作が疑われる事象や痕跡などを見つけるのは困難である。

　貸借対照表では，不適切会計処理の利益への影響額の累積額が90億円を超えた19年3月期末では，利益操作の影響額は，資産と負債に分散されているため，総資産への影響額は55億円，回転期間にして0.43か月であり，回転期間から粉飾による水増しなどを推察するのは困難である。

　科目別では，売上債権，棚卸資産，有形固定資産，その他の資産，仕入債務，その他の負債に分散していて，影響額が最大の仕入債務でも，影響額は28億円，回転期間にして0.25か月であり，異常と断定できるほどの差異ではない。

　年度毎の変動状況からは異常など感じられないし，売上高水増しの効果もあって，回転期間からも異常は読みとりにくい。一般的には，財務分析で発見できない程度の利益操作では，会社規模と比べてそれほど大規模な操作ではないのが普通であり，自己資本比率がそこそこに高い企業では，利益操作などを見逃しても大過がないことが多いのだが，UMCのような自己資本比率が標準に達していない企業が，資産と負債に広く分散させた利益操作では，致命的な手落ちになる可能性がある。科目を分散した上に，売上高の水増しも加わるとなお更発見が困難になる。

5　不適切な会計処理が行われた原因等

　UMC中国グループ内でこのような多種多様な不適切会計処理が蔓延したことの主な原因として，外部調査委員会は，経営者自身の関与があったこと，経営者不正が行われたことを挙げている。

　経営者からは，必ずしも十分な根拠もなく，毎年，過大な目標が設定され，設定された目標に達成するまで見直し及び再提出を繰り返させるといった過酷な予算を押し付けておいて，自らも粉飾に関与するというのでは，粉飾を奨励するのと同じである。その上，管理部門には十分な人員を配置せず，チェック機能が十分に効かない状態のまま放置されたのでは，営業スタッフなどに粉飾

の動機と絶好の環境を与えたことになり，自己正当化などに頼らなくても，自然と粉飾に手を染めてしまう。

　中国グループだけでなく，タイの連結子会社でも不適切会計処理が見つかっていて，ほかの部門や子会社などにも，不適切会計処理のウイルスが広がっている可能性がある。

　2019年10月28日の有価証券報告書の訂正発表に続き，2019年10月29日には内部統制報告書の訂正書を提出し，「当社の海外子会社の内部統制が不十分であったこと，当社の海外子会社に対するモニタリングが十分でなかったこと，当社グループ内で牽制機能が働かずコンプライアンスが徹底されていなかったこと等，内部統制の不備が，不適切な会計処理を招いた」ことを認めた上で，「開示すべき重要な不備を是正するために，調査報告書の提言にしたがった以下の再発防止策を実行し，内部統制の整備・運用を図ってまいります。」として，外部調査委員会が提案した下記の7項目の再発防止策を列記している。

1　ガバナンス体制の再構築
2　取締役の法的責任の検討
3　経営陣の意識改革
4　コンプライアンス体制の整備
5　従業員のコンプライアンス意識の向上
6　財務会計上の実績値に合わせた会計処理
7　管理部門及び内部統制の強化

　訂正報告書提出後約6か月たった2020年4月23日付にて，UMCでは，宮崎工場において，実態を伴わない棚卸資産を計上する等，棚卸資産に関する不適切な会計処理の申告（内部通報）があって，調査中であることを発表した。

　これまで不適切会計処理が行われた会社の事例として，8社のケースを取り上げたが，当社の経営者のみならず，各社の経営者に共通してもたれる疑問だが，企業人としての教育や学習はどうなっていたのだろうか。

　経営者たちは，いずれもそれなりの教育は受けていて，企業人として成長する中で，あるいは株式を上場し，第一部上場会社にまで育てていく過程におい

て，先輩，上司や取引先などから，企業経営についての基本的な教養や，遵守すべき最低限のおきてやコンプライアンス精神の重要性などについて，学習しているに違いない。新聞や経済誌などから，モラルハザードによる失敗例など，自然と目に入ってくると思われる。

　これまでの学習効果はどこに消えたのか。

　一部の経営者は，修業の途中に出世意欲や金銭欲に麻痺してしまい，せっかくの学習効果などを無効にする遺伝子のようなものができたのかもしれない。

第5節
本章事例のまとめ

　本章では海外子会社における事例を4件紹介した。国別では，沖電気のスペインを除いて，残りの3社は全て中国での事例である。

　中国での事例のうち，MTGとUMCは，経営者の無理な必達予算の押し付けが原因になっていて，国内での事例と軌を一にするものである。

　沖電気の事例は，粉飾実行の責任者が，新会社設立の当初から関与しており，事業を大幅に伸ばした功労者として，親会社をはじめ，沖電気本社での評価も高く，グループでも一目置く存在であった。その上に，イベリア半島での業務のすべてを掌握していて，外部からは手出しのできないカリスマ的存在であり，野放しの状態になっていた。また，沖電気から見れば，曾孫会社に当たる末端の末端会社であり，管理の目が行き届かなかったか，親会社，祖父会社，曾祖父会社がそれぞれに譲り合って，野放しの状態なっていたことも考えられる。国内・海外の別と共に，親会社と子会社の間には，従業員の給与や身分の格差がある。特に，海外では人種や言語の違いなどもあるなど，それぞれに固有の問題がある。子会社から孫会社，曾孫会社と，血縁が遠くなるほど，親会社との関係が複雑になるし，格差が広がるなどの問題があって，それぞれに適合した管理組織などが必要になる。それを，現地の事情が分からないからとか，リスクの程度などが掴めないから，子会社形式にして，取りあえずはリスクをヘッジするとか，特定の現地の事情通に経営を任せっぱなしにするなどの安易な海外業務の運営姿勢が粉飾に繋がったと思われる。

　国際化の進行に伴い，親子の関係も，親会社からの距離の遠隔化とともに，子会社から孫会社や曾孫会社へと系列が伸びる傾向があり，階層間の格差や命

令・管理系統の複雑化など，様々な新しい問題が生じている。粉飾も例外でなく，国際化や，系列の伸長などの影響を受けて，変化する可能性があり，それぞれに対処できる体制や組織が必要になる。

UKCでは，国内でも，介入取引でのリスクが問題になっていて，取引の商談や物流に立ち会えないなどの障害をいかにして克服するかが大問題になっているのに，香港と広東などの遠距離間の取引に，取引の実在を確認する手立てを工夫することもなしに，ただ，相手先の説明を信用して，取引に深入りして，長年取引を続けたのは，介入取引の落とし穴などのリスクを理解していなかったからであり，全くの初歩的な誤りであった。

MTGは，上場直後に，中国でのインバウンド客の爆買いに対する中国での締め付けが強まり，同時に，法制の改革により中国向け輸出も一気に激減したという事情もあり，経営者に焦りがあったことも理解できるが，もともと，営業至上主義者で，無理な必達予算を押し付けていたようだ。当社のように国内や韓国でのインバウンド客も含めると中国人向けの売上高が全社売り上げの半分以上を占めるに至っていたので，中国以外の市場開拓に全力を尽くすべきであったのに，なおも中国向けの売上を伸ばすよう過大予算を押し付けたのには疑問が持たれる。

創業者の代表は，アイデアマンで，打ち出したアイデアがことごとく成功して，業容の拡大に寄与したので，社内でも尊敬を集めていた。部下思いの人格者であったため，部下は押し付けられたからでなく，敬愛する社長の喜ぶ顔が見たいとの思いから粉飾に手を染めた従業員もいるほどの人格者の経営者が，なぜ独裁者として，無理な予算を押し付けたのか，理解に苦しむところである。社長は商品開発や，販路の開拓などには非凡な才能を持っているが，会社経営の本質を理解していなかったし，社長の過ちをただす本当の意味での忠臣がいなかった。

UMCでは，製造部門の発言力が強く，人員などは優先的に製造部門に振り向けられるので，経理などの管理部門には，必要な人員の配置がなされず，手薄になっていた。その製造部門の本部長であったC氏が，当社での売上高の

30％を占めて，最大の市場である中国の子会社群の董事長を兼ねていて，Ｃ氏に権力が集中していた。

　社長は，毎年２桁の成長を目指す過酷な目標を立てて，目標に達するまで，何度も予算の見直しを命じ，従わない場合には，退社させることもあったなどの，強圧的な経営者であった。

　会計制度でも，経理部門が算出した数値よりも，営業部門が商談に使った見積原価などの数値が優先して，正規の会社の数値になった。会社の計上した売上高と，得意先の検収結果との間に食い違いがあっても，経理部門ではそれをチェックして修正する人員がいなかったため，いつまでも，食い違ったまま放置されるなど，平常時から不適切会計処理が横行していた。

　その上に，強圧的な社長に忖度した本格的な粉飾が加わったので，中国を舞台にした不適切会計の結果が累積していった。

　上場会社では考えられない杜撰な制度と組織のもとで，不適切な開示情報が幅を利かせていた。

　国際化の波で，地球は狭くなったとは言うものの，海外での子会社の経営には，国内とは違った独特の感覚や雰囲気などが存在するように思われる。

　親会社の側には，国境の壁で隔てられた異国という一種の別世界での事業に対して，「法人化によるリスク遮断」意識が一層強く働く。

　子会社の経営を任された責任者は，故国から遠く離れた異国の土地で，「一国一城の主」からくる一種の解放感に，頼れる部下も相談役もいない中での孤独感が入り混じって，現地での取引先やコンサルタントなどに過度に依存することになる。

　日本で成功した技術や経営手法などを海外で実践するのだが，壁にぶつかると安易に金融取引などに介入して売上高と利益を確保する手段を選ぶか，粉飾などに走る。これが売上至上主義と結びつく。

　外国での取引や経営に関して高度な知識もノウハウもないままに，海外進出に踏み切る。

第6節
事例から見る三様の監査制度と効果について

(1) 三様の監査制度

上場企業などの公開会社では

① 内部監査部門による監査

② 監査役監査

③ 会計監査人監査

の三様の監査制度が設けられている。

　事例研究の締めくくりとして，主に，本章で紹介した4社の事例に，第2章の4社の事例を加えた8社における三様監査の実施状況などを参考にして，三様の監査がどのように機能して，どのような効果を上げたかを，主に各社の第三者調査委員会などの調査報告書を基に検討する。

(2) 内部監査部門による監査

　内部監査部門の監査は，伝統のある大会社でも，いまだに書面監査で終わっている会社があるし，担当者数が十分でないため，密度の濃い内部監査を適切な周期で定期的に実施することができないなどで，不十分な監査に終わっている事例が多い。新興会社などでは，監査部門はスタッフがいない名前だけの部署に過ぎない会社もある。

　それに内部監査部門は，社長や経営幹部の命令系統下にあって，社長や管理部門が関与している会社ぐるみの不正には全く無力であり，株主や外部の利害関係者などにとって，その効果は限定的であることが多い。正義心があっても，

出世街道から外され，冷や飯を食う立場に追い込まれることを覚悟の上で，社長等の経営陣の不正を暴くのは，通常のサラリーマンにはなかなかできることではない。内部告発制度があっても，相手が社長などでは，握りつぶされるなどして，効果が期待できないことも予想される。

　OKIでは曾孫会社に当たるスペインの販売会社OSIB社で不適切会計処理が行われていたのだが，OSIBを管理・監督する責任は第一義的にはOSIBの直接の親会社であり，欧州市場販売を総括するOELにあるが，OELには内部監査部門がない。OSIBに対する内部監査はOELの親会社のODCが監査をすることになっているが，ODCが海外子会社に対する監査に着手したのは08年度からであり，08年7月に初めてOSIBの監査を実施している。それも往査期間が2日間と短く，実施手続きはヒアリングが中心であり，特段の問題を認識することなく監査を終了し，これ以降，OSIBの内部監査は実施されていない。

　リソー教育では，内部監査室には担当者が1名しか配置されておらず，それも人事業務などとの掛け持ちであったため，内部監査業務は片手間とならざるを得ない状況にあった。

　ブロードメディアでは内部監査を実施する業務監査室に室長と補助者1名を配置している。FVにも内部監査室が設置されていたが，専属の担当者は存在しなかった。

　ブロードメディアの業務監査室は，いわゆる内部統制報告書制度（いわゆるJ-SOX）が義務化された08年以降は，J-SOX対応がその主な業務となり，それ以外にも，個人情報保護システムの確認や内部通報への対応等も実施していたため，独自の業務監査を実施する余力がなかった。

　UKCでは，内部監査部門が子会社の業務監査を実施し，監査役と連携して子会社の監査業務を行う体制が構築されていた。内部監査室には7名程度のスタッフが配置されていたが，うち4名程度は財務報告に係る内部統制の評価を担当しており，残りの3名程度が監査を実施していた。人員不足のため海外子会社は概ね3年から4年に一度の周期でしか監査が実施できなかった。

　MTGでは，内部監査部門は，年に一度監査を行っていたようであるが，そ

の内容は人間関係のトラブル等の有無を主眼としたヒアリングベースのものであった。特に，海外を担当しているグローバルブランド事業本部については，売上や人的体制の拡大に管理体制が追い付かず，内部監査部門はまだ十分には機能していない状況であった。

　UMCでは代表取締役直轄の内部監査室が設置されていて，事業年度毎に海外子会社も含め全拠点の内部監査を行うことになっている。しかし，内部監査室には室長の他に室員が1名しかおらず，その室員も経営企画室との兼任であり，実質的には室長1名だけの陣容であった。したがって，全拠点を1年に一度往査することは現実的には不可能であったと思われる。それに，内部監査報告書は報告しても支障がない現場にとって当たり障りのない内容に整理した上で報告されていたので，社長にはありのままの監査結果が伝わっていなかった。

　子会社や孫会社では，内部監査にまで人員を配置する余裕のないところが多い。親会社でも，自社の内部監査すら満足に行えないなどで，子会社まで監査をする余裕がない。結果として，子会社などは，内部統制の空白地帯におかれることになる危険性が高い。

　このように実質的には，各社ともに満足な内部監査は行われていなかったことが窺える。

(3)　監査役監査

　監査役監査を担当する監査役は，古くは「閑散役」などと揶揄されていたように，取締役になり損ねた幹部従業員に対して与えられる一種の論功行賞的なポストの性格が強かった。したがって，監査役に取り立ててくれた社長に盾突いて，会社の不正を追及することなどはほとんどなかった。

　営業部門などで会社の業績に貢献したのだが，監査の知識も経験もなく，独自では満足な監査などできない人物が多い上に，専門のスタッフを与えられることもなく，文字どおり閑散役で任期を終わるのが通常であった。

　株式会社マルヤは埼玉県でスーパーマーケットとコンビニエンスストア事業を運営する会社だが，不適切会計処理を監査法人から指摘され，05年及び06年

２月期の有価証券報告書の訂正報告書を提出し，一時監理ポストに指定された。その後，ゼンショーホールディングスの傘下に入り，日本リテールホールディングスの完全子会社になって14年３月20日に上場廃止になっている。

　マルヤでは，監査役が商品課長の業務を兼ねていて，自らが在庫水増しの粉飾を行っていた。今ではこのようなケースは姿を消したことと思われるし，社長の論功行賞人事であったとしても，不正があった場合には，株主などから責任を追及されるケースが増えているので，閑散役として安閑とはしていられない。それなりの機能を発揮するケースが増えているが，取締役が必要な情報を監査役には提供しないことで，監査役を実質的に閑散役に留まらせるケースがあるなどで，まだ，本来の監査役の機能や役割を十分には発揮するに至っていない会社が多いようだ。

(4)　会計監査人監査

　株主や外部の利害関係者は会計監査人の監査を信用するほかない。

　マルヤの例のように会計監査人の指摘により，不正を公開して，有価証券報告書などの訂正を行わせた例もあるが，本書の第２章及び第３章の事例では，８社のすべてが，第三者調査委員会などの調査結果をもとに，不正会計の概要や手口，原因や経営者の責任などを公表し，財務諸表の訂正を行っている。

　OKIは，2011年６月以降，ODCからOSIBの問題点に関する報告を受け，さらなる実態の把握，及び改善策についての指示を行ってきたが，会計処理の適正性について会計監査人等に相談するなどの対応を取らなかったため，問題の解決に時間を費やすこととなった。

　リソー教育では，Ｘ監査法人が不適切売上計上を度々経営陣に指摘していたが，実際に改善されるかは不透明な状況にあるとして，07年２月期の監査終了をもって監査契約を継続しないことを決めた。

　リソー教育では，過去に複数回にわたり監査法人から売上前倒し計上などの不適切な会計処理を指摘され，Ａ会長が監査法人に対して再発防止を誓い，一定の方途を施したものの，結局，これを防ぐことができなかった。その原因は，

経営者が経理，会計に不案内であったとか，担当者にコンプライアンス意識に欠けていたなど，個人の問題としてとらえるべきではなく，その組織運営に根源があったことに思いを致すべきとしている。

東芝では，連結子会社のウエスティング・ハウス（WH）のビジネスは好調だと説明し続けていたが，実情は経営不振を続けていた。WH単体で12年に9億2,600万米ドルの減損処理を行うことが確定していたが，東芝ではWHのこの処理が本体に飛び火するのを防ぐため，WHの減損処理を極秘扱いにしてきた。東芝の当時の会計監査人は新日本監査法人（新日本）であり，WHの監査は新日本監査法人と連携関係にあるアーンスト・アンド・ヤング（EY）が担当していた。EYは東芝の意に反してWHについて厳しい監査意見を表明していたので，東芝は，新日本を通してEYの見解を替えさせるよう圧力をかけたが，新日本ではその期待に応えられなかった。東芝は，監査契約の破棄をちらつかせて更に新日本に迫ったため，新日本では，EYの監査体制を一新することを約束するしかなかった。

UKCでは，ｃ社香港との取引で売上債権の滞留が発生したのを隠すため，本来の回収サイトの45日以内及び60日以内を180日（後に270日）に延長して，滞留債権を正常債権に偽装した。通常の商品の売買取引において，180日などの回収サイトは異常である。

商社では金融介入取引を引き受ける場合には，相手先の与信管理を厳しく実行する。手形期日の書き換えを含め，回収サイトの延長は，たとえ1か月以内の短期間であって大事件であり，相手先を経営破綻先とみなして徹底的な調査を行う。場合によっては公認会計士に監査を実施させるなどして，相手先の資金計画や再建計画が妥当であり，追加の資金支援が損の上塗りにならないことが確信できない場合には，貸倒の発生を覚悟の上で，取引を中止するのが原則である。

監査人の監査においても同じで，監査人は，商社が実施した調査を吟味して，商社の判断が合理的であることを確認できなければ，貸倒引当金の積み増しなどを要求する。UKCの監査法人は，この異常な回収サイトの延長を無条件で

容認した模様である。

　UKCは滞留債権回収のためにｃ社の転換社債を取得して，その時点でｃ社香港及び中国に対して有していた103百万米ドルの売掛債権をすべて解消させた。

　UKC香港では，本件CBを資産計上するに当たり，発行者であるｃ社香港の株式価値を算定した本件株式価値算定書では足りず，本件CB自体の評価が必要との指摘をKPMGから受け専門家に改めて評価を依頼して，評価報告書を取得した。その結果，本件CBは，１年後に転換権を行使するとして190百万米ドルと評価された。

　この評価額も，基礎数値の見積として本件株式価値算定書の評価結果を前提にしているのだが，本件株式価値算定書が前提としている事業計画の収益見込みを基礎づける合理的根拠を見だしえなかったために，第三者委員会は合理性があるとは言い難いとしている。

　UKC香港は，ｃ社香港が発行する本件CBの担保として，ｃ社中国が保有する土地に対する抵当権を設定した。しかし，UKC香港によると，担保取得については事前に慎重な検討がなされたとはいえず，中国の法律事務所から本件CBの安保として適法・友好かつ執行力がある旨の法的意見書も取得できていない状況にある。第三者委員会ではｃ社中国保有の土地に設定されたとされている抵当権は本件CBの担保として考慮することはできないとしている。

　MTGでは，中国向けの取引の激減に伴い，四半期決算が赤字になることを隠すため，連結子会社であるMTG上海において，不適切な売上を計上していた。MTG上海のIM副総経理は，親会社のH常務と相談した上で，監査法人にはこの取引について虚偽説明を行った。

　監査法人の審査の過程で，当該売上取引の実現性の認識方法について議論となり，現地子会社に赴き，追加のレビュー手続きを行った結果事実と異なる事象が判明したため，売上取引の会計処理の適切性に疑義が生じた結果，調査のため第三者委員会の設置するに至った。

　このように，関与先会社の抵抗にあって，あるいは関与先会社の偽装工作が

見抜けずに，不正を見逃していたケースも後を絶たないが，監査人監査が不正会計摘発の糸口になるなど一定の効果を上げている。

　ただ，本書で取り上げた8社の事例すべてで，第三者調査委員会などの調査を待って初めて不適切会計が認められ，影響額などが確定するのに疑問が持たれる。

　監査人が疑惑を表明したことが，不正会計の発見の糸口になっていることで，監査人監査の効用が認められるのだが，不正会計の疑惑が生じた場合，最後まで会計監査人が責任をもって調査をするのが本筋であるように思える。

　長年同じ会社の監査を担当してきて，その会社の財務内容や実態を熟知している筈の監査人が自ら特別監査をする方が効率的で，信頼性が高いと思うのだが，監査人の監査だけでは利害関係者の信用が得られないというのだろうか。

　会計監査人は，被監査会社とは利害関係がない第三者でなければならず，世間も法律も公正不羈の監査を期待しているのに，会計監査人の監査のほかに第三者調査委員会などにより監査を受けるという屋上屋を重ねなければ信用できない制度なのだろうか。

(5)　独，ワイヤーカードAG破産申請のケース

　本章では，日本の会社の海外子会社での不正会計処理の事例を取り上げたが，海外の公開会社の不正会計と会計監査人監査との関係を探ってみる。

　ドイツを代表するフィンテック企業の決済サービス企業であるWirecard AG社（ワイヤーカード）は，ドイツ時間の20年6月25日にミュンヘン地方裁判所に破産手続きを申請した。

　財経新聞によると[1]，19年1月に英フィナンシャル・タイムズが内部告発者の情報を基に，ワイヤーカードでの不正会計疑惑を報道したのが始まりであった。偽造された契約書で不正な取引が行なわれているとするもので，アジア太

---

[1]　財経新聞「ソフトバンクGがとばっちり？破産を申立てたワイヤーカードとの関係は？」（https://www.zaikei.co.jp/article/20200626/573278.html　閲覧日2020年6月29日）による。

平洋地区の統括幹部が不正を主導していると伝えられた。ワイヤーカードはお決まりで型どおりの説明で不正行為の存在を強く否定した。

　現在報道されているところを総合すると，過去の決算で売上の水増しを続け，その売り上げと整合性のある預金残高証明書が偽造されていたと読み取れる。フィリッピンの信託銀行にあるとされる預金残高が確認できないことが決定打になったようだ。

　TechCrunchによると[2]，6月30日が支払期限となっている8億ユーロ（約960億円）と7月1日が期限の5億ユーロ（約600億円）の貸付金について貸し手側との協議がまとまらず，破産を申請するに至ったのだが，同社監査人のEarnst & Young（EY）でも，前CEOのMarkus Braun（マークス・ブラウン）氏が詐欺容疑で逮捕されるなど，激動の週となっている。

　ワイヤーカードの会計監査人はEYだが，不正会計についてはKPMGによる特別監査を受けているとのことで，ドイツでも不正会計の調査は，第三者による監査に委ねることがあるようだ。

　ただ，ワイヤーカードの不正事件には，監査人に落ち度がなかったかの問題の他に，監査人側にも複雑な事情があったようだ。Bloombergの報道によると[3]，「ワイヤーカードを巡る不正会計で，ドイツ銀行の会計責任者アンドレアス・レッチャー氏ほか2人が，同国の個人投資家団体SdKから告発された。レッチャー氏はワイヤーカードの監査法人を長年務めたEYに在籍していた当時，今回の不正に関与した疑いがもたれている」とのことで，監査人が不正に関与していた疑惑がある点で，日本での通常の第三者調査委員会などの監査に委ねるケースとは単純には同一視できないようだ。

　レッチャー氏はEYで20年間の勤務歴があり，当局提出文書によると，2015

---

(2)　TechCrunch JAPAN，「ソフトバンク本体が出資のフィンテック企業Wirecardが破産申請，不正会計で債務超過」(https://jp.techcrunch.com/ 2020/ 06/ 26/ 2020-06-25-house-of-wirecard-insolvency/　閲覧日2020年6月26日）による。

(3)　Bloomberg「ドイツ銀行幹部，ワイヤーカード会計不正で告発―EY在籍時に関与か」（https://www.bloomberg.co.jp/news/articles/ 2020-06-26/QCJGTCT1UM1601 閲覧日2020年6月29日）による。

－17年度のワイヤーカード会計監査を監督した。18年に退職し，訴訟や規制上
の問題で苦しんでいたドイツ銀行に最高会計責任者（CAO）として移籍した。

第4章

粉飾発見のための
財務分析法

- ● 通常の財務分析法
- ● 粉飾発見に効果的な分析法
- ● 判別式による評価法
- ● 人工頭脳（AI）による粉飾発見法について

第1節
通常の財務分析法

1 通常の財務分析法の基本構造

　本章では，粉飾発見のための財務分析法を取り上げる。

　粉飾発見のためとは言っても，特別な分析法があるわけではない。

　企業の優劣を評価したり，信用度を測定する財務分析法などは，特に，粉飾発見などを目的とするものではないが，業績や，財務内容の劣悪な企業には，改善に対する強いプレッシャーがあり，このプレッシャーが動機になって，粉飾に手を染める経営者などの多いことが想像できる。業績も財務内容にも優れた優良会社でも，経営者などには更に上を目指す意欲に満ち溢れていて，その意欲が粉飾などの動機になることも考えられなくはないが，企業人としての通常の常識やコンプライアンス意識を持っている人物なら，もっと上を目指して粉飾に走ることなど考えにくい。

　この意味では，粉飾は企業の業績や財務内容の状態に大きく影響されるので，通常の一般的な財務分析も粉飾発見には欠かすことができない。

　粉飾調査が主目的の場合でも，粉飾発見の手続きにとりかかればすぐに成果が得られるわけではない。粉飾発見には，まず，企業を知ることから始める必要がある。業績が悪いなどで，粉飾への動機づけが高いと考えられる企業や，粉飾を疑わせる兆候などが見つかった企業について，粉飾を念頭において更に，詳しい分析を行うことになる。

　そこで，本節では，先ず，通常の財務分析法について簡単に解説する。

企業の財務体質は次の4本の柱で支えられている。

① 財務安全性（資金繰り事情を含む）

② 収　益　性

③ 成　長　性

④ 効　率　性

そこで，①から④について，順に解説する。

2　財務安全性の分析

　取引先の与信管理のための財務分析などでは，まず，見なければならない最初のポイントは，相手がすぐには経営破綻して倒産などしないか，である。

　すぐとは言っても，1か月や2か月先の話ではなく，少なくとも，1年半か2年程度は倒産などしないとの確信が持てるのでなければならない。

　通常，取引先に対する与信は1年ごとに見直しが行われる。これは，決算書が1年ごとに作成されることに関係がある。1年後の見直しで，信用状態が悪化していて，撤退を決めても，すぐには貸し倒れなどのリスクから解放されるわけではない。締結済みの契約を履行して代金を回収するのに通常半年程度は必要であり，これが1年半程度の余裕を必要とする根拠である。

　安全性を見るためには，次の4つの財務比率が役に立つ。

(1)　自己資本比率

　自己資本比率は，（純資産÷総資産）×100％，で計算される比率である。有価証券報告書では，分子を株主資本にした株主資本比率が採用されているが，本書の事例研究では専ら純資産を分子にした自己資本比率を利用している。

　当面は倒産などしない目安としては30％程度が必要で，できれば40％程度以上であることが望まれる。

　経営を支えるのに足りるだけの売上高を確保するには自己資本比率が30％以下の企業とでも取引をせざるを得ないことが多いのだが，その場合でも，10％

以下の企業とは取引をするべきでない。

　自己資本比率は，純資産が多いか少ないかだけでなく，負債が多いか少ないかをも示す比率でもある。自己資本比率が低いのは，負債構成比率が高いことを意味するし，自己資本比率が高いのは負債構成比率が低いことをも意味するからである。自己資本比率を計算すれば同時に負債構成比率なども知ることができる。

　損失が発生して，資金が社外に流出すると，資金調達が必要になるが，増資などで調達できない場合には，負債を増やすことになる。負債は，損失の発生や粉飾の発見に重要な役割を果たすので，負債の構成比率などの分析が必要になる。

(2)　売上高純資産比率

　売上高純資産比率は，（純資産÷売上高）×100％，で計算される比率である。

　自己資本比率は，リスクは総資産金額に比例するとの考えに基づくものだが，リスクは売上高に比例する企業やケースも多いので，自己資本比率よりも，売上高純資産比率を採用するべき企業もある。図表4－1は第3章の事例で取り上げたUMCについて，16年3月期から20年3月期までの，総資産回転期間，自己資本比率，売上高純資産比率の推移表である。各比率の計算のためのデータの推移も記載してある。

図表4－1　UMC自己資本比率，売上高純資産比率推移表

	16年3月期	17年3月期	18年3月期	19年3月期	20年3月期
売上高（百万円）	110,052	111,916	125,677	139,563	140,968
純資産額（百万円）	15,964	16,637	18,208	26,588	3,671
総資産額（百万円）	56,724	60,628	79,793	74,309	62,281
総資産回転期間	6.2月	6.5月	6.3月	6.5月	5.3月
自己資本比率	28.1%	27.4%	22.8%	35.8%	5.9%
売上高純資産比率	14.5%	14.9%	14.5%	19.1%	2.6%

　19年3月期までは不適切会計処理訂正前の数値であり，自己資本比率は28.1％から年々上昇して，19年3月期には30％を超えて35.8％に達している。

不適切会計処理を訂正した20年3月期には激減して，5.9%にまで低下した。

　当社の総資産回転期間は極めて短く，最長の19年3月期でも6.5か月であり，不適切会計処理を訂正した20年3月期には5.9か月に低下している。

　総資産回転期間が短いことから売上高純資産率は，最高の19年3月期でも19.1%であり，20年3月期では2.6%に過ぎない。

　図表4-2は同じ比率を東京電力ホールディングス株式会社（以下，東京電力という）で計算した表である。

図表4-2　東京電力の自己資本比率，売上高純資産比率推移表

	16年3月期	17年3月期	18年3月期	19年3月期	20年3月期
売上高（10億円）	6,070	5,358	5,851	6,338	6,241
純資産（10億円）	2,218	2,349	2,657	2,904	2,917
総資産（10億円）	13,660	12,278	12,592	12,757	11,958
総資産回転期間	27.0月	27.5月	25.8月	24.2月	23.0月
自己資本比率	16.2%	19.1%	21.1%	22.8%	24.4%
売上高純資産比率	36.5%	43.8%	45.4%	45.8%	46.7%

　東京電力では，総資産回転期間がUMCの4倍程度もあり，最低の20年3月期でも総資産回転期間は23.0か月である。その結果，自己資本比率は，最高の20年3月期においても24.4%である。他方，売上高純資産比率は20年3月期においては46.7%であり，UMCとは全く逆の結果になっている。

　UMCのように総資産回転期間が短い企業では，自己資本比率は高くなるが，利益の変動に対する反応度が高い。UMCでは，同じ損失額であっても，総資産回転期間が2倍の企業と比べると，自己資本比率に対する影響度が2倍になるので，20年3月期のように，自己資本比率が前年度の安全水準の33.3%から一挙に危険水準の5.9%に激減することになる。

　総資産回転期間が8か月程度以下の企業に対しては，安全性の指標として，自己資本比率よりは売上高純資産比率を利用することが望まれる。

(3)　借入金依存度

　借入金依存度（有利子負債構成比率）は，短期借入金，長期借入金，社債，

CPなどの有利子負債の合計額の総資産に占める比率であり，この比率が高い企業は，返済の負担が重いので，返済資金の都合がつかず倒産する危険性が高い。また，この比率が高いと，既に借入れ可能の限度に到達しているか，限度に近付いていると考えられ，新しい資金需要が生じても，資金調達ができない恐れがある。この比率は，40％程度以上が過大であり，50％以上は危険状態と見るべきである。

　割引手形や裏書譲渡手形の残高がわかる場合には，割引手形や裏書譲渡手形も含めることが望ましい。その場合総資産にも同額を加える必要がある。

　この比率には，社債やCPなどをも含むので，有利子負債構成比率と呼ぶ場合がある。

　なお，借入金は通常，短期借入金などは流動負債に，長期借入金などは固定負債に分けて表示するのだが，本書に掲載する要約貸借対照表には，紙幅の節約のため及び借入金依存度計算のために，特に，分割が必要と考えられる場合を除き，短期・長期を一括して借入金として表示してある。負債の部も流動・固定に分割せずに負債一本で表示している。

(4)　固定比率

　固定資産残高を純資産で割った比率であり，100％程度以内が望ましいとされている。固定資産は資金化に長期を要するので，借入金などの負債で調達している場合には，何かの都合で，例えば設備の稼働が長期間停止した場合など，予定していた資金の回収ができないために返済資金が不足することが起こりうる。

　このような事態を避けるのには，固定資産の調達を返済の必要のない純資産金額の範囲内に止めておけばよい。そうすれば，資金繰りの予定が狂っても，返済資金の調達ができずに資金繰りが破綻するといった事態は避けられる。この考えが，固定資産の調達資金は純資産の範囲内にとどめるべきとする根拠である。

(5)　固定長期適合率

固定長期適合率は，｜固定資産残高÷(固定負債＋純資産)｜×100％，で求める。

固定資産の調達は純資産の範囲内にとどめるべきという基準は厳しすぎて，この基準にこだわると，必要な設備投資などができなくなる企業が出てくる恐れがある。その結果，設備が老朽化したり，設備不足が生じるなどしてじり貧状態に陥ったり，せっかくの投資機会を失したりする企業がでてくるので，基準を緩めて，分母の純資産に固定負債を加えた長期資金に拡張し，長期資金の範囲内に固定資産残高が収まっていればよいとするのがこの比率の趣旨である。

3　収益性の分析

自己資本比率が高くて，財務安全性が高い会社でも，損失が続くと，純資産を食い潰して安全性が低下するので，収益性は企業の安全性を支える重要な指標になる。

収益性では，利益の多寡が問題になるが，同じ利益額でも，大規模会社と小規模会社では，評価が違ってくるので，利益率で測定するのが普通である。

利益率の分母には，売上高が採用されることが多い（売上高利益率）のだが，リスクは保有する資産額（投下資本額）に比例して増大するとの考えからは，分母に総資産額（総資本額）や経営資産額を採用した資産利益率が重視される。この比率により，企業が投下資本のリスクをカバーするだけの利益を稼いでいるか否かを測定するのである。

利益率が高くてもそれ以上に経費率が高いと赤字になるので，経費率などの分析も重要である。費目ごとに他社と比較するなどして，節約可能か，あるいは，将来増額が必要になることなどを予想して，将来の収益性の予測に役立てる。

分子の利益には，分析の目的に従って売上総利益以下，各段階の利益を採用する。収益性を根源から調べる場合には，売上総利益を分子にした売上高売上

総利益率が合目的的だし，経常的な収益力を見るためには，売上高経常利益率などが適当である。

　株主の立場からは，純資産や株主資本で割って計算される純資産純利益率（ROE）が利用される。

　原価や経費なども収益性の分析には大切である。特に，売上原価は売上高との相関関係が強いので，売上高売上原価率の変動状況が粉飾発見に役立つことが多い。

　高金利時代には，支払利息を借入金残高で割って計算される支払利子率が粉飾発見に特に効果的であった。支払利子率が高すぎるのは，信用不足から高利でないと融資が受けられないか，高利貸しなどからの借入金が多いなどが疑われる。借入金過小表示の疑いが持たれるなどで，倒産予知や粉飾発見には重要なチェックポイントであったが，最近の低金利時代においては，その効力が限定的になっている。

　経費の粉飾は，主に経費隠しの方法で行われるのだが，支出額が安定している場合はともかくとして，変動幅が大きくて予想がつかない費用などは，隠されても推定のしようがない。例えば，貸倒引当金の計上不足は，不良債権の発生状況などの予想ができないと発見が困難である。

　未払費用や繰延税金資産の異常な増加などは粉飾発見に役立つことが多い。

4　成長性の分析

　外部の分析者が入手できるのは，主に過去の実績による利益だが，収益性を見る上で，過去の収益性だけでなく，将来の収益性をも見る必要がある。これまでは儲かっていたが，将来，成長が止まって収益性が悪化するなら，将来の安全性を維持できなくなる恐れがある。したがって，収益の将来性も企業の安全性を支える柱になるのだが，過去の実績から，将来の収益性が予測できるとは限らない。

　成長性などの予測には，企業の得意先などの取引先の状況や，取扱い製商品

の寿命，新製商品の開発力などの質的情報を知る必要があるが，外部の分析者には，質的情報など入手できないことが多いので，収益性の現状に，市場や競争相手の動向などを加味して，予測するしかないことが多い。

5 　効率性の分析

効率性は，資産や使用資金額等の利益率や回転率や回転期間で測定される。効率性が低いのは，販売力が弱いために，設備を十分に稼働させることができない場合，技術や管理が拙劣なために効率的な運営ができない場合など製造面での効率性の他に，販売力が弱いために在庫が増えるとか，得意先の資金力が弱いために回収が長期化するなどの，資金面での効率性が問題になる場合もある。

粉飾により設備金額を水増ししている場合や，デッドストックや滞留債権が多く抱えている場合も効率性が悪化するのだが，効率性の悪化が，販売力が弱いなどの経営上の欠陥によるのか粉飾などによるのかの見分けがつかない場合が多いので，効率性の分析は粉飾発見のためのテストをも兼ねる。効率性の分析には回転期間が効果的なので，回転期間については次節以降で詳しく解説する。

第**2**節
粉飾発見に効果的な分析法

1　粉飾の態様に応じた分析

　粉飾の態様ごとに関連科目への影響が異なるので，主な粉飾の態様ごとに粉飾の手口や発見法などを検討する。

(1)　売上水増しの粉飾

　売上高水増しは，売上高低下を隠すために行われることが多いのだが，同業他社とのバランスなどを考慮して，ほどほどの水増しに抑えざるを得ないのが一般的である。それに，毎年度水増しを繰り返しても，前年度までの水増しは当年度に繰り越されることがないので，年度毎に累増することにはならない。例えば，年商120億円の企業で，ある年度に売上高が100億円に低下したので，10億円売上高を水増しして，110億円にしたとする。この場合，同業のほかの企業が軒並みに２割以上も売上高が減少しているような場合はともかくとして，この企業の実態を熟知している人でないと，外部の分析者には10億円の水増しを見抜くのは困難と思われる。

　翌年度も100億円の売上高が続いたので，この年度にも10億円水増しした場合には，外部の分析者には前年度と同様に，あるいは前年度以上に，粉飾を見抜くのは困難と思われる。

　この企業では，売上高と共に売上債権も同額の10億円の水増しを行うとし，通常の売上債権回転期間が３か月とすると，水増し前では売上債権残高は25億

円で，売上債権回転期間は3か月だが，水増し後は売上高及び売上債権残高は10億円増えて，110億円と35億円になり，回転期間は，3.82か月になる。回転期間については次節で詳しく解説するが，ここで，回転期間計算式①式をあらかじめ紹介しておく。

　　　○○回転期間（年）＝○○期末残高÷年間売上高……………………………①
　　計算式①式に従って計算すると，

　　　売上債権回転期間＝35（億円）÷110（億円）×12か月＝3.82か月

になる。上の計算では①式に12か月をかけて月単位にしてある。

　その翌年度にも売上高が100億円になり，10億円水増ししたとすると，前年度の売上債権の水増し額が未処理のままこの年度にまで繰り越されているとすると，売上債権残高は更に10億円増えて45億円になり，回転期間は45（億円）÷110（億円）×12か月＝4.91か月になり，売上高は110億円で不変だが，回転期間は水増しを繰り返すごとに上昇する。

　売上が落ち込んだからと言って，売上の水増しを行うと，翌年以降も回復しないで，低迷状態が続いた場合，売上高を減らさないためには毎年売上の水増しを続けることになり，それに伴って売掛金が増え続ける。回転期間の上昇は，最初は目立たない程度であっても，年度毎に上昇していって，やがては隠し切れない上昇になる。

　そこで，買掛金や未払金の支払いを売掛金の回収に偽装するなどして，売上債権回転期間の上昇を防ぐ操作が行われることが多い。この場合には，振り替えられた科目が資産なら，その資産の回転期間が上昇するし，負債の場合は，その負債の回転期間が低下する。

　売上債権の水増額を他の資産に振り替えた場合には，結果として総資産回転期間が膨らむので，総資産回転期間の推移を追跡することにより，水増しの発見ができる可能性がある。

　売上債権の増加を振り替える項目として負債が利用される場合には，借入金，仕入債務，未払金，前受金などが対象になることが多いが，これらの残高は売上債権に比べて少額であるのが普通なので，振り替えにより目立って減ること

になる。目立たせないようにするため，多くの科目に分散して行われることが
多い。

　UMCでは利益操作の影響額は売上高の0.8か月分になるが，影響額を売上債
権，棚卸資産，その他の資産や，仕入債務，その他の負債など，多くの資産及
び負債の科目に分散させているため，一番多い金額を振り替えられた仕入債務
でも回転期間の短縮期間は0.2か月に過ぎない。

　リソー教育では，前受金残高が著しく増加しているので，一部を売上の先行
計上に利用しても，不自然にはなっていない。

　損失が増えた結果，借入金が増えたケースで，損失を粉飾で隠しても借入金
の異常な増加から粉飾による損失隠しが察知できることがある。この場合でも
借入金の入金を売上債権の回収に充当して，回収を偽装した場合などには，売
上債権回転期間は正常化するし，借入金依存度も正常化するので，借入金依存
度でも，粉飾後の方が正常に見える可能性がある。

⑵　売上債権などで滞留債権などが発生した場合

　売上債権に滞留などの不良債権が発生したのに，貸倒処理などをしないで正
常債権を装っている場合も，不良債権額だけ売上債権残高が水増しになるので，
回転期間が上昇するし，貸倒償却などで処理しない限り，いつまでも上昇した
ままになる。

⑶　売上原価などの粉飾

　売上原価の不正では，仕入高の過少計上や，期末棚卸高の水増しなどの手法
が利用される。標準原価の操作により，本来は売上原価にするべきコストを仕
掛品などに賦課する粉飾も行われるので，売上原価の不正は，棚卸資産回転期
間の上昇となって表れることがある。

　販売費及び一般管理費など経費の過少計上では，未払金や未払費用などが過
少計上になり，回転期間の低下となって表れることが多いのだが，臨時費用や
特別損失などの場合は，臨時費用などの発生は外部の人間にはわからないのが

普通なので，過少計上の回転期間による発見法は効果がない。一般的に，負債は売上高との相関関係が低いのが普通なので，負債隠蔽の粉飾を回転期間で見抜くのは困難なことが多い。

①　固定資産過大表示の粉飾

　固定資産の不正では，減価償却費の過少計上による粉飾が多い。この場合には，固定資産回転期間が低下するべきなのに，低下しないことになるのだが，減価償却を実施しても，他方で新たに固定資産を取得した場合には，全体として固定資産回転期間は低下しないことも起こるので，回転期間から減価償却費の過少計上などを見抜くのは困難である。また，のれんの減損などでは，国際会計基準などを採用している場合には，定期的な減価償却を行わず，減損の事実が発生したときに減損損失を計上することになっている。したがって，期間の経過に従って減価することがないので，減損の事実が発生していることが分からないと，減損の隠蔽を見抜くのは極めて困難である。

②　循環取引による粉飾の場合

　循環取引による粉飾の場合，売上高の水増しと共に，仕入高も同時に水増しされるし，資金の循環により，仕入債務の支払いや売掛金の回収が約定とおりに行われるのが普通なので，回転期間には影響が現れないことが多い。ただ，循環ごとに，計上した架空利益，関係者に支払われる利益や金利負担額が売上債権や棚卸資産などに上乗せされることになる。

　例えば，A社が100万円の商品に5万円の利益と金利を上乗せしてB社に105万円で販売し，B社は更に3万円の利益を上乗せして108万円でC社に販売する。A社がC社の利益を上乗せした111万円で買い取ったとすると，これで循環が完了するが，100万円で払い出した商品が11万円水増しされて111万円で戻ってくる。

　通常の売上高が2,400万円で通常の商品の在庫が300万円，通常の売上債権残高が600万円とすると，年度末の商品回転期間が1.5か月，売上債権回転期間が3か月である。循環取引を実施して，売上高105万円と，売上債権105万円を計上し，商品100万円を庫出ししたが，年度中に循環取引が一巡し，商品が111万

円になって戻ってくるが，売上債権は循環期間中に仕入債務の支払いとともに
回収されたとすると，

　　売　　上　　高：2,505万円，

　　売上債権残高：600万円，回転期間＝600万円÷2,505万円×12か月＝2.87か月

　　商　品　残　高：311万円，回転期間＝311万円÷2,505万円×12か月＝1.49か月

となり，売上債権回転期間は0.13か月短縮し，商品回転期間は0.01か月短縮す
る。

　翌年度には，同じ商品を使って年度中に循環取引を3回繰り返したとし，1
回当たりA社で利益などを5万円，他の2社では3万円ずつを上乗せすること
にすると，循環1回目には，商品簿価111万円に利益5万円を上乗せして売上
高が116万円計上されるが，商品が11万円増加して122万円になって戻ってくる。
2回目には売上高が127万円，商品の受入価額が133万円になり，3回目には売
上高は138万円，商品の受入価額が144万円になる。

　循環取引による売上高の年間合計額は381万円になり，年度末の商品在庫は
144万円になるので，通常取引が前年度と同じとすると，循環取引を含む売上
高等は

　　売　　上　　高：2,781万円，

　　売上債権残高：600万円，回転期間＝600万円÷2,781万円×12か月＝2.59か月

　　商　品　残　高：344万円，回転期間＝344万円÷2,781万円×12か月＝1.48か月

架空売上の計上により，商品の残高が膨らむが，回転期間はそれほど変化し
ない。

　このように，循環速度を速めたり，循環取引の種類を増やして，売上高を増
やすことによって，資産の回転期間の上昇を防ぐことができるが，この場合に
は売上高が増え続けるので，異常な売上増に注意することによって，循環取引
の存在を察知できる可能性がある。

　取引先が循環取引の仕組人である場合には，正常に循環が続いている限り，
約定どおりに売上債権の回収が行われるので，売上債権回転期間に異常は現れ
ない。この場合も，循環取引の売上高の増加が続くのが普通なので，異常な売

上増に注意することによって，循環取引に関与している可能性を察知できることがあるが，取引先の仕組んだ循環取引では，全社の総売上高に占める比率がそれ程大きくならないので，異常として現れることは少ないと思われる。

2　回転期間による分析法

　上記のとおり利益水増しの影響は，資産回転期間の上昇，又は負債回転期間の低下となって現れることが多いので，粉飾発見には，回転期間分析が重要な役割を果たす。

　回転期間の計算式については，前節であらかじめ紹介したが，①式を再掲する。

　　　　○○回転期間（年）＝○○期末残高÷年間売上高……………………………①

　回転期間を月単位にするには上記に12か月を掛けるし，日単位の場合は365日を掛ける。本書では，月単位の回転期間を利用することにしている。

　回転期間の分母には，期首と期末残高の平均値が使われることが多いが，粉飾発見が目的の場合には，期末残高を採用するべきである。構造面よりも異常の探知を優先させるべきであるからである。期中に発生した粉飾などの異常は期初残高には現れず，期末残高にのみ現れるからである。せっかくの異常の兆候を平均して薄めることはない。

　筆者は，企業評価の際の安全度の基準として自己資本比率が30％程度以上あれば，当面の事業継続には支障がないと見ることにしている。欠損が続いても，年間損失額が総資産の30％になることは稀であり，大抵の場合は20％程度以内に収まるのが普通なので，自己資本比率が30％以上あれば，1年半程度は債務超過になることはないと期待できる。得意先の与信管理などでは決算期ごとに信用状態を見直すのが普通であり，安全と評価した得意先が1年後の決算書の分析で，危険と判断した場合でも，1年半の余裕があれば，取引を中止するなりで，倒産などによる貸倒のリスクを回避することができると考えられる。

　反対に，自己資本比率10％程度以下を危険状態と見ていて，この水準以下に

なると取引からの撤退などを検討すべき限界としている。また，自己資本比率
15％程度以下は要注意企業として，撤退の準備が必要な取引先と認定して，必
要なら，取引の縮小を計るべき水準としている。

　回転期間は年度毎の残高や売上高のばらつきなどにより上下するのが普通で
あり，多少の上下に一喜一憂するべきではない。年度毎のばらつきや，取引の
構造変化などにより，正常状態でもある程度の回転期間の上昇は起こりうる。

　筆者は，既に要注意状態に近づいている企業などを除き，0.5か月程度まで
の回転期間の上昇は，年度毎のばらつきによる可能性もあるので，その年度だ
けで結論を出さずに，次年度以降の状態を見て，評価を決めることにしている。

　回転期間が0.5か月程度上昇した場合，これがすべて粉飾による利益水増し
の影響によるものとして，自己資本から控除して実質自己資本比率を計算する
と，自己資本比率が15％の企業では，4％程度低下しても，危険水準の10％に
はまだ僅かながらも余裕がある。

　回転期間は，売上高との相関関係が高い科目の粉飾発見には効果的だが，相
関関係の低い科目にはその効果は限定的である。一般論として，厳密に売上高
と関係するのは売上債権だけである。

　有形固定資産などは，需要の増加に合わせて設備投資を増やす場合には，長
期的には売上高の増減に比例して増減することが多いが，増減の時期にタイム
ラグがあるし，計画どおりに売上高が増えるとは限らない。中には，従業員の
厚生施設のように売上高とは必ずしも関係のない資産もあるので，厳密な意味
での比例関係が認められないのが普通だが，規模が大きくなれば，固定資産も
増えるのが普通なので，長期的には回転期間が粉飾発見などに効果的なことが
多い。また，売上高とは直接関係のない資産でも，売上高の増減も考慮して資
産を増やす意思決定をすることが多いと考えられる。事業との直接の関係が薄
い資産を増やしたために，大幅に総資産回転期間が上昇し，回復しない場合に
は，実力以上の資産を抱え込んだと判断すべきことが多い。

　棚卸資産も，長期的には売上高の増減に合わせて増減する傾向があるのだが，
販売が予定より落ち込むと在庫が増えるし，売上高が好調に過ぎると在庫が底

をつくなど，短期的には売上高と逆の変動する場合もある。

　前述のとおり，負債には売上高との関係が薄いものが多いので，科目ごとに増減の原因を調べて，個々に判断する必要があるが，計数情報だけでは原因の究明ができず，回転期間では発見が困難なことが多い。

　巧妙に仕組まれた粉飾科目の分散や負債隠蔽の粉飾にはお手上げするしかないケースが多いのだが，第2章，第3章の事例においても紹介したように，経営者に隠れて，営業部門，支店や子会社などが行う局地型粉飾でも，管理部門のチェックの目を逃れるため，粉飾の対象科目を多くに分散させるなどの操作が行われるので，異常探知は極めて困難になる。

　経営者が主導する会社ぐるみの粉飾では，取締役会や監査人の目を逃れるため，様々な工夫をするので，内部統制制度の整備が進み，チェック機能が強化されればされるほど，あるいは，監査人の監査姿勢が厳しくなればなるほど，粉飾もより巧妙に行われるようになる。したがって，外部の分析者には，ますます発見が困難になるという皮肉な結果になあっている。

③　四半期データによる分析法

　粉飾発見には回転期間が極めて重要な役割をはたす。極端な言い方をすると，粉飾発見には回転期間以外に実効性があり，説得力のある粉飾発見の分析法はないと言えるのだが，内部統制制度の整備が進むに従い，あるいは監査人監査の厳格化に比例して，粉飾の手口も巧妙化し，粉飾の影響を受ける科目の分散化などにより，回転期間分析法の威力までもが失われてきている。

　また，内部統制制度の整備や，経営者のコンプライアンス意識の向上などにより，大企業による会社ぐるみの大規模粉飾は減少していて，代わりに，営業部門や支店や子会社での局地型が経営者に忖度して行う局地型粉飾が増えている。会社に隠れて行われる局地型粉飾では，グループ全体の連結決算に影響するほどの規模にはならず，連結決算書でしか情報が得られない外部の分析者には粉飾発見がますます困難になっている。ただ，財務分析で発見できないほど

の粉飾では，株式投資家などを除き，通常の与信管理などの立場では，見逃しても重大な損失に繋がることがないので，無視をしてもよい場合が多いのだが，循環取引などによる場合には，年々規模が膨らみ，気が付いた時にはグループ全体の信用に影響するような大規模な粉飾に成長していることもありうる。また，多くの部署に局地型粉飾が拡散していて，大事に至ることもある。

粉飾の小口化や，粉飾手口の巧妙化に対抗して，新しい発見法の開発が必要になるし，回転期間分析法などの分析手法の改良も重要課題になる。

回転期間分析法の精度などを高めるのに，四半期情報の活用を挙げることができる。

上場会社などでは，四半期ごとの財務諸表の開示が義務付けられ，それも四半期終了後45日以内の開示が求められている。四半期情報に基づき四半期毎の回転期間を利用することによって，粉飾などの異常をより早期に発見できる可能性が高まるので，分析の精度を高めることができる。

粉飾には，売上債権や棚卸資産などの流動資産が利用されることが多いのだが，年次情報による回転期間では，売上債権などは，年度末直前の2～3か月間に発生したものが多いのに，分母の売上高は年間を通しての実績値なので，売上が年度の前半に偏った場合には回転期間は実態より短く計算されるし，年度の後半に集中した場合には回転期間は長く計算される傾向がある。

下記の計算式②は，筆者が利用する四半期情報による月単位の回転期間の計算式である。

○○回転期間＝（○○四半期末残高÷四半期売上高）×3か月……②

売上債権や棚卸資産などは四半期内に回転して入れ替わる残高が多いので，四半期末の残高を当該四半期の売上高で割って計算される四半期分析では，実態により近い回転期間の推定ができる可能性が高まる。

特に，売上債権は，日本の上場会社では回収期間が3か月前後の会社が圧倒的に多いので，四半期情報では，売上高と売上債権の発生期間がほぼ一致するので，四半期情報の採用により計算の精度を上げることができる。

しかしながら，売上債権のように売上高に比例して増減する傾向のある科目

は少なく，例えば棚卸資産などは１～３か月で回転するものが多いのだが，売上が好調な時期には在庫の補充が間に合わず，残高が減少する傾向があるし，売上の停滞期には在庫が増える傾向があるなどで，短期的には逆相関になる可能性があり，四半期情報による回転期間の効果が低くなる。

　また，固定資産などは回転に最低でも一年を超える期間が必要になるのが原則なので，四半期よりも年次情報を利用すべきである。

　四半期情報のもう一つのメリットは，情報が早期に入手できることと，分析結果の判定を短期でできることである。年次情報では，株主総会が決算期後３か月後に開催されるとして，年度初に発生した事象は，上場会社でも決算期から３か月後でないと入手できないのに対して，四半期では期初に発生した事象も，各四半期の決算期後遅くても45日後，即ち発生後135日後に入手できる。

　また，回転期間が0.4か月程度上昇した場合などには，この上昇が粉飾などの異常によるものか，たまたまのバラツキか，の判断ができず，翌期，あるいは翌々期の結果を見て結論を出すことになるのだが，年次情報しか入手できない場合には，結論を出すまで少なくとも１年以上の期間が必要である。

　売上や利益水増しの粉飾は，年度末に行われることが多いので，例えば，第４四半期において，次年度第１四半期の売上を先行計上した場合，第４四半期の売上高が増えて，次の第１四半期の売上高が減少する。年次情報では，年度初も年度末も年間の数値に吸収されて区別がつかなくなるので，年度末の売上の先行計上などを察知できない。

4　売上高・売上債権残高交点の分布図による分析

　次に四半期データを用いたグラフによる分析法を紹介する。

　以下おいて，第３章で取り上げた事例の，株式会社レスターホールディングス（UKC）と，沖電気工業株式会社（OKI）とのグラフによる売上債権回転期間分析の手法を紹介する。

(1)　UKCの売上債権分析

UKCの分析から始める。

図表4－3(1)はUKCの11／3期から20／3期までの四半期毎の売上高と売上債権残高の推移表であり，月単位の回転期間も計算してある。

データは17／3期までは不適切会計処理訂正前の数値である。UKCでは貸倒引当金を積み増す形で，不適切会計処理の訂正を行っているので，17／6期以降は売上債権残高から貸倒引当金を控除した数字で記載してある。

貸倒引当金には，滞留債権に対する引当金と通常の債権に対する引当金が混在していることが推察されるが，分別が困難だし，通常の債権に対する引当金は金額が少ないのが普通なので，17／6期以降については貸倒引当金全額を控除している。

図表4－3(1)では，表の全期間を，

　　　11／3期〜13／3期を第1期：スタート期

　　　13／6期〜15／3期を第2期：c社香港との取引開始→売上高増加

　　　15／6期〜17／3期を第3期：c社香港で欠損発生　→売掛金回収長期化

　　　17／6期〜20／3期を第4期：不適切会計処理訂正　→売掛金回収正常化

とする。

右半分には，各期における出来事を記載し，その結果，売上高及び売上債権残高に現れると予想される変化を記載してある。

四半期毎の売上債権回転期間は，変動が激しく見にくいが，第1期には3か月台が多いのに，第2期には2か月台が多く，第2期には回収が速まったことが推察される。

第3期には3か月台になり，上昇傾向が続いているが，第4期には2か月台に戻った。それも2.4〜2.6か月の低水準の四半期が多く，4期間のなかでは最低水準に低下している。

図表4－3(1)　UKCデータ表

(単位：百万円，月)

		売 上 高	売上債権	回 転 期 間
第1期	11／3	74,763	69,763	2.80
	6	72,718	76,865	3.17
	9	66,027	70,103	3.19
	12	54,506	58,891	3.24
	12／3	63,837	62,891	2.96
	6	66,322	73,711	3.33
	9	78,450	77,146	2.95
	12	71,585	77,823	3.26
	13／3	68,151	68,346	3.01
第2期	6	73,529	67,126	2.74
	9	90,563	79,120	2.62
	12	81,257	79,874	2.95
	14／3	71,693	70,633	2.96
	6	64,339	64,863	3.02
	9	67,531	64,142	2.85
	12	70,840	74,591	3.16
	15／3	77,962	72,357	2.78
第3期	6	69,889	70,607	3.03
	9	73,060	76,734	3.15
	12	78,179	82,998	3.18
	16／3	67,556	73,624	3.27
	6	65,117	72,235	3.33
	9	72,830	71,589	2.95
	12	71,159	83,727	3.53
	17／3	73,826	65,183	2.65
第4期	6	76,317	62,383	2.45
	9	86,215	76,664	2.67
	12	73,632	67,336	2.74
	18／3	65,285	62,339	2.86
	6	49,348	51,554	3.13
	9	54,898	59,465	3.25
	12	54,324	52,252	2.89
	19／3	47,201	49,807	3.17
	6	106,973	81,579	2.29
	9	96,011	76,370	2.39
	12	91,634	77,015	2.52
	20／3	84,930	71,050	2.51

　以上の傾向から解釈すると，第２期にはｃ社香港との取引が始まり，売上高が増えたのだが，ｃ社香港からの回収サイトが45日〜60日と比較的短期であることから，連結ベースの回転期間が低下したことが推察される。

　第３期には，ｃ社香港からの回収が滞留したため，回収サイトを180日（後に270日）に延長したことで，回転期間が上昇したが，第４期には，不適切会計処理をやめて正常化に向かったことから，グループ全体の回転期間も正常状態に戻ったことが推察される。以上の推察どおりなら，UKC社の売上債権回転期間の推移は，同社の実態を適格に示している。

　図表４−３(2)は，第１期から第３期までの各期における売上高と売上債権残高との交点の分布図であり，交点を四半期順に直線で結んで，四半期毎の交点の動きが分かるようにしてある。第１期の直線は細線で，第２期は点線で，第３期は太線で描いて期毎に区別してある。

　各期の分布状態から推定される期毎の回帰直線を点線で描き，回帰直線の回帰式も記載してある。

　期毎の回帰直線の勾配をグラフの下欄に記載してある。勾配は，交点の分布が正常で規則的なら，回収期間についての情報を伝える可能性があるのだが，交点のばらつきにより大きく変動するので，信頼性が低い。特に，第３期には，各四半期の回転期間にばらつきが大きいために，交点の分布グラフも異常な形になっているし，回帰直線の勾配が他の期とは大きく異なっている。

　図表４−３(2)では，回帰直線の位置が，回収状況の情報を伝えている可能性がある。

　回帰直線は，第２期には第１期の下方に移動していて，回収が短期化したことが推察されるし，第３期には上方に移動し，第１期よりもよりも上方に位置していることから，回収が長期化して第１期よりも回収状況の悪化したことが推察できる。

図表４－３(2)　第１期～第３期交点分布グラフ

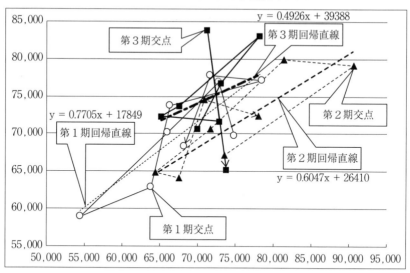

第１期：○印，細線，回帰直線勾配：0.7705
第２期：▲印，点線，回帰直線勾配：0.6047
第３期：■印，太線，回帰直線勾配：0.4926

　図表４－３(2)により，期毎の交点や回帰直線の動きを観察すると，第２期には交点群は第１期より右上方に伸びており，売上高が増加したことが分かる。更に，第２期の交点グラフの位置が総じて第１期よりも下側にあり，第２期には売上高の増加と共に，回転期間が短縮したことが伺える。

　第３期の交点グラフは上方に移動しており，第１期よりも更に上方にあることから，回収に異変の起きていることが推察できる。

　図表４－３(3)は，第３期と第４期の２期間の交点分布グラフであり，第４期のグラフが第２期よりも下側に平行移動状に移行しているなど，回転期間の推移から推察したトレンドが，グラフでは一層明瞭に読み取れる。

図表4－3(3)　第3期〜第4期交点分布グラフ

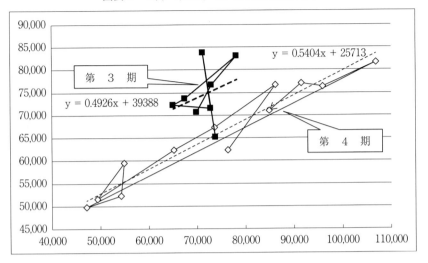

　図表4－3(3)により，第3期と第4期の回帰直線間の垂直距離を，左側の目
盛りより金額に換算すると100億円強と推定される。

　回帰式の勾配は売上債権の回収期間を表し，切片は滞留債権等の残高を示す
と考えられるが，実際はそれほど単純なものではない。

　図表4－3(2)では第1期の勾配は0.7705であり，これを月単位に換算すると，
0.7705×3か月≒2.31か月になる。第2期は0.6047であり，月単位では1.81か
月になり，どちらも，売上債権残高を売上高で割って計算した回転期間とは大
差がある。これは，グラフから推定される勾配は，四半期毎のばらつきによっ
て大きく変化するからである。

　単純なモデルで考えてみる。売上債権残高は当四半期の売上高の70％と，前
四半期の売上高の30％とで構成されているとすると，(1)売上高が100で一定の
場合には，売上債権残高は前四半期売上高の残留分100×0.3＝30と，当四半期
売上高の残留分100×0.7＝70の合計額の100であり，前掲の②式に従い，当四
半期売上高で割って回転期間を計算すると，回転期間は1四半期（3か月）で
ある。

189

(2)期には売上高が前四半期の100から50に減少した場合には，当四半期末の売上債権残高は，前四半期売上高の残留分100×0.3＝30と，当四半期売上高の残留分50×0.7＝35との合計額の65であり，②式に拠る回転期間は（65÷50）×3か月＝3.9か月である。

(3)期に売上高が90に増加したとすると，当四半期末の売上債権残高は，前四半期売上高の残留分は50×0.3＝15と，当四半期売上高の残留分は90×0.7＝63との合計額の78であり，当四半期の回転期間は（78÷90）×3か月＝2.6か月になる。

このように，当四半期末の売上債権残高を当四半期売上高で割って計算する②式では，前四半期の売上高の大小により回転期間が大きく違ってくるのだが，回転期間のみならず，グラフの勾配も違ったものになる。

上例の(1)期における売上債権残高が100から(2)期の65に減少したケースでは，グラフの勾配は，(2)期おける売上債権残高の減少高65－100＝－35を売上高の減少高50－100＝－50で割った0.7である。

(3)期においては，売上債権残高は(2)期の65から78に13だけ増えている。他方，売上高は50から90に40増えているので，(3)期におけるグラフの勾配は13を40で割った0.325であり，(2)期の半分以下である。

このようにグラフの勾配及び回転期間は，売上高が前の四半期よりも増加したか，減少したか，増加から減少に，減少から増加に変わったかによって大きく値が違ってくる。

勾配の変化に従って切片も変化するので，切片は滞留債権残高などとは関係のない数値になることが多い。

(2)　沖電気工業売上債権分析

次に，第3章事例1で紹介した沖電気工業（OKI）の例を取り上げる。

前章において，図表3－2で説明したとおり，OKIでは売上債権回転期間は，09年3月期までは最高でも2.78か月であったのが，10年3月期には3.20か月に上昇し，13年3月期まで3か月台の高水準の回転期間が続いている。12年3月

期に不適切会計処理の訂正を行っているのに，訂正後も売上債権回転期間は高水準を続けているが，売上債権残高はそのままにしておいて，貸倒引当金の積み増しにより訂正処理をしているからである。

　図表４－４(1)は，09／６期から15／３期までの売上高と貸倒引当金控除後の売上債権残高表であり，月単位の回転期間も記載してある。09／３期までを第１期，不適切会計処理中止後の12／６から15／３期までを第２期に分割してある。

　売上債権回転期間は，第１期の2.52か月が，第２期には2.27か月に，0.25か月短縮しているが，この短縮期間は，第１期における不適切会計処理による売上債権水増し額を示していると考えられる。0.25か月を第１期の平均売上高1,087億円により金額に換算すると，（1,087億円÷３）×0.25≒90億円であり，不適切会計処理による水増し平均額は約90億円と推定される。

　OKIでは，不適切会計処理を中止した12／３期以降も，貸倒引当金の積み増しにより不適切会計処理を訂正している。不適切会計処理訂正後の貸倒引当金には，通常の貸倒引当金が含まれているのだが，ごく少額なので，貸倒引当金全額を，不適切会計処理による水増し額と見ることにする。

　第２期には貸倒引当金は，12／３期の129億円が12／12期には159億円に増加している。不適切会計処理中止後も水増し額が増えているのは，12／３期以前の売上について不適切会計処理の影響が，回収期日の到来ごとに滞留化したことによると推察される。第１期最後の12／３期の貸倒引当金額129億円は，回転期間から推定した第１期における水増し額90億円とはかなりの差がある。

　図表４－４(1)の第１期欄の右列に，不適切会計処理訂正後の売上債権残高と，訂正前と訂正後の売上債権残高の差額の列が設けてある。差額の平均は4,729百万円だが，09／９期と09／12期の差額は，マイナスか，著しく少額なので，この２期を除外すると，差額の平均値は約58億円である。この差額58億円は，10／３期以降の第１期の売上債権の平均水増し額である。

　差額を期ごとにみると，11／６期までは30億円台が多いのだが，11／９期から増加が続き，12／３期に129億円になったものであり，第１期最多の12／３

期の貸倒引当金と，第１期の平均水増し額とを比較するのは合理的でない。

図表４－４(1)　ＯＫＩ売上高・売上債権残高表

（単位：百万円）

	売上高	売上債権	回転期間	訂正後	差額		売上高	売上債権	回転期間
第１期						第２期			
09／6	82,621	79,807	2.90			12／6	91,149	75,748	2.49
9	106,377	83,283	2.35	83,976	−693	9	102,480	75,139	2.20
12	99,895	83,935	2.52	83,500	435	12	110,059	84,605	2.31
10／3	155,056	116,736	2.26	109,727	7,009	13／3	152,136	116,286	2.29
6	82,525	81,144	2.95	77,499	3,645	6	91,182	76,728	2.52
9	103,363	87,997	2.55	84,073	3,924	9	112,816	84,148	2.24
12	98,868	83,927	2.55	79,320	4,607	12	113,794	81,270	2.14
11／3	147,929	112,579	2.28	108,660	3,919	14／3	165,320	124,699	2.26
6	83,767	79,763	2.86	76,360	3,403	6	99,121	79,082	2.39
9	104,662	81,253	2.33	73,059	8,194	9	129,670	94,186	2.18
12	104,950	79,302	2.27	71,825	7,477	12	128,126	90,281	2.11
12／3	134,725	109,909	2.45	99,812	10,097	15／3	183,236	129,955	2.13
平均値	108,728	89,970	2.522	86,165	4,729	平均値	123,088	96,962	2.273

　訂正後の売上債権残高による第１期の最初の２期を除く売上債権水増し平均額58億円は，第２期の売上債権回転期間から推定した水増し額90億円ともかなりの差がある。

　図表４－４(1)によると，第１期の回転期間では，各年度とも第１四半期の回転期間が異常に高くなっている。これは不適切会計処理が行われていた時代には，毎年度末に売上先行計上が行われていて，その結果，翌第１四半期の売上高が激減して回転期間が上昇したことが推察される。回転期間は，その時々の事情などにより大きく変動する可能性があるので，必ずしも信頼性が高いとはいえないのだが，売上債権残高の水増し高の推定には，回転期間に勝る分析法が見つからないので，誤差を承知の上で，回転期間を利用するしかない。

　図表４－４(2)は，図表４－４(1)の第１期と第２期の売上高・売上債権残高交点の分布図であり，第１期，第２期の別に回帰直線と回帰式も記載してある。

　グラフでは，第２期の交点群は第１期の交点群の下方にあり，第２期には回転期間が短縮したことが推察できる。２本の回帰直線間の垂直距離を，10／6期の売上高で金額に換算すると，約94億円である。

図表４－４⑵　OKI 売上高・売上債権残高交点の分布グラフ

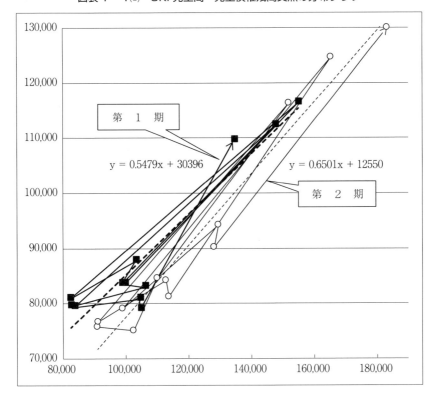

第３章の図表３－１によると，OKIでは，06年３月期以降不適切会計処理の影響額が年々増加していて，08年３月期には80億円であった純資産への影響額が07年３月期101億円，08年３月期112億円と増えて行き，12年３月期には263億円に達している。不適切会計処理による利益の水増しには主に売上高を利用しているので，売上債権が年度ごとに膨らむはずなのだが，買掛金を支払ったことにして売掛金の回収に流用したり，ファクタリングと手形割引で二重に資金を調達して売上債権の回収に充てるなど様々な手口で，売上債権の膨張を阻止しているので，第１期においても，売上債権残高は実態より少なく表示されていることが推察される。このため，第１期と第２期との残高の差額が実態よ

りも少なくなっているものと考えられる。

　局地型粉飾では，もともと粉飾の規模は，全体からみてそれほど大きくならないのだが，本社や親会社などに露見しないように，いろいろ工夫をするので，ますます発見が困難になる。

(3)　四象限利用のグラフによる分析

　これまではXY座標の第1象限だけを使ったグラフにより検討してきたが，四象限のすべてを使ったグラフの利用を試みる。

　図表4−5は，OKIの10／6期から12／3期までの訂正前の売上高と売上債権残高のリスト（左側）と四象限グラフによる交点分布図（右側）である。このグラフでは，横軸に売上高，縦軸に売上債権残高をとり，第1象限に第1四半期（Q1期），第4象限に第2四半期（Q2期），第3象限に第3四半期（Q3期），第2象限に第4四半期（Q4期）を割り当ててある。

図表4−5　OKI（不適切会計処理訂正前）

（単位：百万円）

	売 上 高	売上債権
10/ 6	82,525	81,144
9	103,363	(87,997)
12	(98,868)	(83,927)
11/ 3	(147,929)	112,579
6	83,767	79,763
9	104,662	(81,253)
12	(104,950)	(79,302)
12/ 3	(134,725)	109,909

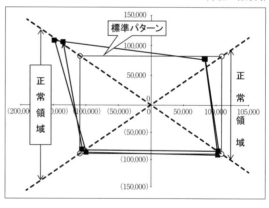

　売上高，売上債権は，どの四半期においてもプラスの金額だが，各四半期の点を指定象限に当てはめるには，Q2では売上債権を，Q3では売上高，売上債権両方を，Q4では売上高をマイナスにする必要がある。図表4−5では，

マイナスが必要な数値にはEXCELのルールに従い，カッコで囲んで（xxx）などとしてある。これは作図のための便法であり，実際にはプラスなので，（xxx）は反対方向にプラスxxx円などと読み替えて頂きたい。

OKIではＱ４期の売上高が多くＱ１期は少ないので，右上のＱ４期の頂点が左上方に傾いた四辺形になっている。

■印のマーカーは，訂正前の10／6期から12／3期までの売上高・売上債権残高の交点であり，四半期順に太い直線で結んである。

交点が〇印のマーカーの細線による四辺形は，図表４−４⑴の第１期の平均売上高に第２期の回転期間を掛けた金額を売上債権の平均残高とした四辺形であり，標準パターンと呼ぶことにする。標準パターンには対角線を描いてあり，交点が正常領域と印した領域を超えて対角線の外側に出た四半期には，回転期間が標準値を超えていることを意味する。第２期における回転期間が正常回転期間であるとすると，正常領域からはみ出た四半期の売上債権残高は異常であったことになる。

売上高の多いＱ４期とＱ２期には，交点は正常領域の内側に収まるし，売上高の少ないＱ１期とＱ３期の交点は領域外にはみ出す傾向がある。売上高が多い四半期と少ない四半期の凹凸を平均して正常領域に収まるのが正常と評価できる。

図表４−５のグラフによると，第１四半期を除く四半期では，概ね正常領域内にあるか，域外にはみ出ても僅かなはみ出しである。第１四半期だけ各年度ともにかなり顕著に正常領域をはみ出しているが，全四半期を平均すると，正常なばらつきの範囲内に収まる程度のはみ出しであり，グラフから売上債権回収状態の異常を察知するのは困難と思われる。

⑷　郷鉄工所売上債権分析

図表４−６は，不渡り事故により17年９月４日付にて銀行取引停止になって倒産した株式会社郷鉄工所の12／12期から16／12期までの売上高・売上債権データ表と交点分布の四象限グラフである。

図表4－6　郷鉄工所売上高・売上債権残高

（単位：百万円）

	売 上 高	売上債権	リスク額
12/12	(1,125)	(1,264)	−324
13/ 3	(1,570)	1,954	−263
6	672	1,686	737
9	765	(1,689)	609
12	(1,121)	(1,785)	202
14/ 3	(1,376)	1,599	−344
6	618	901	29
9	1,029	(1,159)	−294
12	(585)	(903)	77
15/ 3	(3,455)	3,110	−1,768
6	942	2,773	1,443
9	951	(2,675)	1,332
12	(1,117)	(2,229)	652
16/ 3	(821)	1,617	458
6	884	1,089	−159
9	527	(543)	−201
12	(529)	(538)	−209
平均値	1063.9	1618.5	

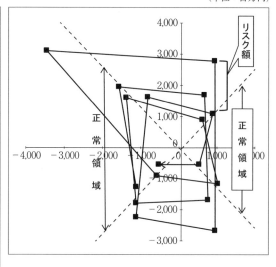

　図表4－6のグラフでは，標準パターンの四辺形は描いていないが，その対角線を点線で示してある。この対角線は，当社の経営が順調であったとみられる08年3月期から12年3月期までの5年間の売上高と売上債権残高の平均値による四辺形を標準パターンとし，その対角線を描いたものである。

　年度末に売上高前倒しや水増しの粉飾を行うと，Q4に売上高が増えるし，Q1の売上高が減少して，四角形は右上方に傾く。Q4の売上高が次のQ1の売上高の2倍程度を超える場合には，年度末における売上の前倒しか，架空売上などの粉飾が行われた疑いが濃くなるのだが，2倍以下程度なら季節変動などによる場合が多い。

　Q4に売上高が大幅に増えて，次のQ1にリスク額が大幅に増えるケースで，Q2以降にリスク額が解消される場合は，Q4における売上前倒しの粉飾が推定できるし，Q2以降においても解消されない場合は，Q4における売上水増しの粉飾が推察される。

　図表4－6では，16／3期を除き，四辺形は左上方に傾斜した形になってい
る。16／3期が属する年度を除き，いずれの年度もQ4売上高がQ1売上高の
2倍を超えている。中でも15／3期における売上増が著しく，この期に大規模
な売上高水増しなどの粉飾が行われたことが推察されるのだが，交点は正常領
域内に収まっている。これは，売上債権の異常は水増し実行期には現れず，次
の四半期以降に回収期になっても回収されずに残留することで表面化するから
である。グラフでは，15／3期の次の四半期の15／6期の交点が正常領域から
大きく外れていて，15／3期における売上前倒し等の操作の影響が15／6期に
表面化したことが推察される。

　図表4－6のデータ表のリスク額は，各四半期の交点と対角線との間の垂直
距離を金額で示したものであり，各四半期売上債権残高－各四半期売上高×売
上債権正常回転期間で計算したものである。正常回転期間は08年3月期から12
年3月期までの売上債権の平均回転期間1.412四半期を採用した。

　正常回転期間の設定が適切なら，リスク額は売上債権の回収状況についての
情報を伝える可能性があり，プラスは滞留等の発生を示す可能性がある。

　図表4－6によると，13／3期に売上前倒しなどの操作が行われたが，この
期にはリスク額への影響が現れず，次の13／6期以降に発現している。リスク
額は13／6期以降四半期ごとに徐々に解消され，14／6期ころまでに大部分が
解消された模様である。15／3期にも大型の売上前倒しなどが行われたが，15
／3期にはリスク額への影響はなく，15／6期以降に大きく表面化した。その
影響は16／3期まで残り，16／6期にようやく全額解消されたことが推察され
る。正常な季節要因でQ4期の売上が膨らむ場合には，次年度のQ1期にはリ
スク額が膨らむが，Q2期には解消されるのが普通であり，当社のケースよう
にQ2，Q3などまで影響が続くのは，売上前倒しなどの粉飾によることが多
い。

5　キャッシュ・フローによる粉飾発見法

(1) 利益要素と運転資本要素

　以下において，キャッシュ・フローをCFと書き，営業活動によるキャッシュ・フローを営業CFなどと略記する。

　営業CFを運転資本要素と利益要素に2分割する分析法を紹介する。

　まず，営業CFを下記のとおり2分割する。

・運転資本要素：営業CF中の売上債権，棚卸資産，仕入債務など運転資本
　　　　　　　　を構成する資産及び負債の増減によるCF

・利　益　要　素：運転資本要素以外の営業CF

【改訂営業CF計算書様式】

　図表4-7は上記要領に基づくCF分析のために筆者が考案した改訂営業CF計算書様式である。

図表4-7　改訂営業CF計算書様式

年　　　度	○○期	○○期	○○期	○○期	○○期	○○期	合　計
税金等調整前当期純利益	①						
減価償却費	①						
諸調整額	④						
利益要素計	③						
売上債権の増減額	①						
仕入債務の増減額	①						
たな卸資産の増減額	①						
その他資産の増減額	①						
その他負債の増減額	①						
運転資本要素計	②						
営業CF合計	①						

【作成順序】

- ・ ①にCF計算書の該当項目の数値を記入する。
- ・ 運転資本要素の合計を計算し②に記入する。
- ・ 営業CFから運転資本要素計②を控除した金額を利益要素計③に記入する。
- ・ 利益要素計③から税金等調整前当期純利益，減価償却費，法人税等の支払額を控除した残額を諸調整④に記入する。

(2)　改訂営業CF計算書の見方

　運転資本要素は，主として売上高増減によって増減するものであり，業績評価には直接関係させるべきものではない。

　売上高が増加すると売上債権が増加するし，棚卸資産も残高を増やす必要性が生じる，などで増加する可能性があるが，これは，事業拡大に必要な資金負担である。反対に，売上高が低下した場合には，運転資本要素は減少するのだが，この低下は，いわば預けていた資金が戻ってくるだけであり，これも業績評価には反映させるべきでない。但し，売上高が増加した場合でも，運転資本要素が正常値を超えて増える場合には，回収期間の長期化，滞留債権の発生や粉飾による売上債権，棚卸資産の水増し，あるいは仕入債務の隠蔽などの疑いも持たれるので，運転資本要素の変動原因の調査が粉飾発見に役立つ可能性がある。

　営業CFから運転資本要素を除いた利益要素が，CFを伴う営業利益を示すものであり，業績評価に役立つ要素である。

　諸調整額は，運転資本要素と減価償却費を除く非資金損益項目（税金等調整前当期純利益の算定には影響を与えているが，CFを生じない損益項目）の合計額である。

　CFを伴わない収益や費用は，収益水増しや費用隠しなどに利用される恐れがあるので，粉飾発見に有用だが，これらの分析は原則として損益計算書により行うことができるので，損益計算書には記載されない情報がCF計算書にて

開示されている場合に，粉飾発見に役立つ可能性がある。

(3)　運転資本要素について

　運転資本要素は業績評価から除外すべきだが，粉飾発見などのリスク評価に利用できる。

　運転資本要素を構成する各項目は，粉飾などに利用されやすい項目だし，正常な原因による増加でも，リスク増につながることが多い。しかし，売上増に伴う正常な売上債権増や棚卸資産増などによるリスク増は，意図したリスク増であり，業績評価のマイナス要因とするべきではない。

　改訂営業CF計算書では，運転資本要素の増減が分かるが，正常な増加かどうかまでは分からない。正常な増加かどうかを見るのに回転期間が役立つ。

　そこで，筆者はCF計算書が開示される前から，3要素総合残高回転期間に注目し，正常回転期間と比較して，リスク部分の増減をチェックする分析法を利用していた[1]。

　3要素総合残高やその回転期間は

　　　3要素総合残高＝売上債権残高＋たな卸資産残高－仕入債務残高……①

　　　3要素総合回転期間＝売上債権回転期間＋たな卸資産回転期間

　　　　　　　　　　　　　　－仕入債務回転期間……②

　　　　　　　または，＝3要素総合残高÷売上高

であり，売上や仕入れに直接関係する前渡金や前受金なども，開示されているなら加えるべきである。

　3要素総合残高などを計算するメリットは，売上債権，棚卸資産や仕入債務などに分散して粉飾などが行われた場合には，粉飾の合計額が総合残高で示されることになるからであり，項目ごとでは金額が小さくて目立たない場合でも，総合すると大きな金額になり，発見しやすくなる。

　正常回転期間を合理的に推定できない場合には，過去において回転期間が比

---

[1]　拙著「倒産予知のための財務分析」商事法務研究会，1985年　163〜165頁。

較的低位で安定していた時期の平均値をとるなどの方法が考えられる。新規上場などで過去の数値が得られない場合は，同業者の実績値によるか，同業者の実績値などを参考に推定する。

(4)　株式会社レスターホールディングス（UKC）のケース

　以下において，第3章の事例で取り上げた株式会社レスターホールディングス（UKC社）のケースについて，運転資本要素と3要素総合残高と比較する。運転資本増減分析では，資産の増加は収支の悪化（減少は良化）を意味し，負債は減少が収支の悪化（増加が悪化）を意味する。

　なお，ここでは貸借対照表の数値をBS数値と呼び，CF計算書の数値をCF数値と呼ぶことにする。

　図表4－8は，14年3月期から17年3月期までの4年間の貸借対照表（BSと書く）の年次データによる3要素の増減額を，CF計算書の運転資本要素の増減額と比較した表である。回転期間計算のために，売上高も記載してあり，売上債権などの残高と運転資本要素増減合計額などについて回転期間を計算し，右横にカッコ書きで記載してある。

　なお，BS増減額の回転期間は，増減額を当年度売上高で割って計算した数値である。

　UKCでは売上債権回転期間の正常値は2.7～3.0か月程度と推定され，残高の回転期間が3.3か月程度以上か，増減額回転期間が－0.4か月程度以下になれば，異常を疑うものとする。

　15年3月期には，売上債権が2,224百万円増加（悪化）したが，仕入債務が6,076百万円減少（良化）したため，運転資本要素合計では3,593百万円の良化となった。

　CF計算書の増減値との比較では，15年3月期では，売上債権増減額の影響額は，BS数値の－2,224百万円に対しCF数値は2,813百万円のプラスであり，良化・悪化の双方にわかれる結果になっているし，両数値間の差額は5,037百万円になる。たな卸資産，仕入債務でも両数値間に大きな差異があるが，仕入

債務の差額が売上債権とは逆符号なので，運転資本要素増減合計額では差額は1,509百万円に縮小している。

図表4－8　運転資本要素増減額BS対CF数値比較表金額

（単位：百万円，月）

15／3年度

	14年3月期 （回転期間）	15年3月期 （回転期間）	BS増減額 （回転期間）	CF増減額 （回転期間）	差　　　額
売 上 高	317,042	280,672			
売上債権	69,633 (2.64)	71,857 (3.07)	−2,224(−0.10)	2,813 (0.12)	5,037
棚卸資産	18,722 (0.71)	18,981 (0.81)	−259(−0.01)	471 (0.02)	730
仕入債務	37,487 (1.42)	43,563 (1.86)	6,076 (0.26)	1,818 (0.08)	−4,258
運転資本要素増減合計額			3,593 (0.15)	5,102 (0.22)	1,509

16／3年度

	15年3月期 （回転期間）	16年3月期 （回転期間）	BS増減額 （回転期間）	CF増減額 （回転期間）	差　　　額
売 上 高	280,672	288,684			
売上債権	71,857 (3.07)	72,224 (3.00)	−367(−0.02)	−2,909(−0.12)	−2,542
棚卸資産	18,981 (0.81)	18,941 (0.79)	40 (0.00)	−392 (−0.02)	−432
仕入債務	43,563 (1.86)	34,945 (1.45)	−8,618(−0.36)	−7,029 (−0.29)	1,589
運転資本要素増減合計額			−8,945(−0.37)	−10,330(−0.43)	−1,385

17年3月期（不適切会計処理訂正後）

	16年3且期 （回転期間）	17年3月期 （回転期間）	BS増減額 （回転期間）	CF増減額 （回転期間）	差　　　額
売 上 高	76,709	273,752			
売上債権	72,224 (3.07)	77,333 (3.39)	−5,109(−0.22)	−15,325(−0.67)	−10,216
棚卸資産	18,941 (0.79)	20,656 (0.91)	−1,715(−0.08)	−2,025(−0.09)	−310
仕入債務	34,945 (1.45)	46,562 (2.04)	11,617(−0.51)	10,420(−0.46)	−1,197
運転資本要素増減合計額			4,793 (0.21)	−6,930(−0.30)	−11,723

　16年3月期には，売上債権の両数値間の差額が大きいのだが，仕入債務では差額の符号が逆になっているので，運転資本要素増減合計額では差額は1,385百万円に縮小している。

　17年3月期には，売上債権の差額が−10,216百万円と大きい上に，3要素のそれぞれの差額の符号は同方向なので，運転資本要素増減合計額の差額は−11,723百万円に膨らんでいる。

　BS数値とCF数値で大差があるのは，一つには適用する為替レートの違いによる。外貨建て資産・負債残高は貸借対照表では決算時の為替相場により円換算するが，CF計算書では期間中の収支を期中平均相場により換算するからである。

　図表4－9は為替換算レートが年度ごとに変動する場合の，売上債権増減額の計算例を示した表である。

　02年度では貸借対照表残高から計算した売上債権増加額は¥320,000だが，CF計算書では，期中平均相場が¥110であったとすると，売上債権の増加額$1,000を¥110で換算すると増加額は¥110,000となり，貸借対照表残高による増加額より¥210,000だけ少なくなる。

　03年度には外貨建て残高は減少したのに，円安が拡大したため，円換算残高は¥80,000増加した。このように外貨建て残高が減少しても，円相場の下落度が大きいと円換算残高が増加する場合があるが，CF計算書では，外貨建て残高が減少すれば円換算後の増減額は必ず減少する。

図表4－9　貸借対照表残高による外貨（US＄）売上債権増減計算の例

	US＄残高	決算時レート	円換算残高	増　減　額
01年度末売上債権残高	＄10,000	¥100	¥1,000,000	
02年度末売上債権残高	＄11,000	¥120	¥1,320,000	¥320,000
03年度売上債権残高	＄10,000	¥140	¥1,400,000	¥80,000

　02年度の売上高が＄50,000，売上債権回収高が＄49,000であり，ドルの期中平均換算レートが＄1当たり¥110であったとすると，売上債権期中増加額の円換算額は，50,000×¥110＝¥5,500,000，期中減少額の円換算額は，49,000×¥110＝¥5,390,000，であり，増減差額は¥110,000で，BS数値による増減額より，増減の符号は同じだが，金額が¥210,000少なくなる。

　03年度には売上高が＄60,000，売上債権回収高が＄61,000になり，期中平均換額が¥130であったとすると，売上債権増減差額の円換算額は¥－130,000であり，符号が逆転する。

　このような差額の出るのは，換算レートに期中平均値を採るか，期末レート

をとるかの違いの他に，CF計算書では，運転資本要素残高の計算が前年度の残高に期中増減額を加減して計算されるのに対して，BSでは，前年度残高は期中に大部分が消滅して，期末残高にはほとんど影響を与えないことにもよる。当年度末には存在しない前年度末残高を除外して計算されるBS数値の方が，リスク評価の点からは合理的であるといえる。

また，年度末の帳簿残高がリスクの対象になるので，貸借対照表の増減額がリスクの実態を示しているとすると，CF計算書の運転資本要素増減額は，14年3月期には210,000円，15年3月期には210,000円過小に計算されており，リスクの過小評価になっている。

図表4－8のUKC社のケースに戻ると，15年3月期におけるBSとCF数値の運転資本要素増減合計額の差額は1,509百万円であり，リスクの観点からはCF数値の方が，1,509百万円だけ過少評価になっている。仕入債務には通常の意味でのリスクが存在しないので，仕入債務を除外すると，CF数値におけるリスクの過小評価額は5,767百万円になる。

16年3月期には仕入債務を除く運転資本要素増減差額から見たリスク額がCFの方が2,974百万円か過大評価になっているし，17年3月期には同様にCF数値の方が10,526百万円も過大評価になっている。

CF計算書では，運転資本要素が増減額で掲載されているので，リスク評価にそのまま利用できるが，筆者は上記で述べたような理由で，2期間の貸借対照表から項目ごとに増減額を計算して利用することにしている。

6　一般の未公開会社について

本章第2節で紹介してきた，四半期データによる分析法や，キャッシュフローによる分析法は，有価証券報告書などの公開義務のない一般の未上場会社などには，適用できない。これらの会社には，四半期情報やキャッシュフロー情報どころか，財務諸表の公開すら拒む会社が多い。

数において圧倒的多数を占めるし，外部の専門家による会計監査を受ける義

務のない未公開会社などにこそ，効果的な粉飾発見のための分析が必要になる
のだが，これまでのところ，財務開示について何ら具体的な対策が講じられて
こなかったのは問題である。

　一般の未公開会社についてまで，開示制度の改善などが図られる兆しもない
し，新しい分析手法の開発も期待できない現状では，与えられた情報を丁寧に
分析して，「疑わしきは罰す」の原則で臨むしかない。

第 3 節

判別式による評価法

1 Beneish氏のMスコアモデル

　宮川宏・夏目拓哉氏は「不適切会計企業における実態分析と検証〜Mスコアモデルによる検討〜」において，財務諸表における会計不正の予測を取り扱うためのモデルであるBeneish氏のMスコアモデルを紹介している[2]。「Beneish（1999）のMスコアモデルは，会計不正と会計情報の関係を8つの財務指標をもとに推計し，会計不正を判別するための予測モデルである。このモデルは，米国において，1982年から1992年までの間で粉飾等を公表された会計不正企業74社と産業と年度でコントロールした非会計不正企業2332社のペアサンプルで分析したモデル」であり，判別式は及びモデルの説明変数は下記のとおりである。

$$M \ score = -4.84 + 0.920 \times DSRI + 0.528 \times GMI + 0.404 \times AQI + 0.892 \\ \times SGI + 0.115 \times DEPI - 0.172 \times SGAI + 4.679 \times TATA \\ - 0.327 \times LVGI$$

---

[2]　宮川宏・夏目拓哉「不適切会計企業における実態分析と検証〜Mスコアモデルによる検討〜」は2019年4月27日開催した危機管理システム研究学会・企業活性化研究分科会における月例研究会での発表論文である。その発表ではBeneish氏のMスコアモデルをもとに，2017年度に日本企業における不適切会計が報告された企業をもとに検証を行っている。Beneish氏のMスコアモデルについては，Beneish "The Detection of Earnings Manipulation" *Financial Analysis Journal* Vol. 55 No. 5 pp. 24 - 36, 1999 を参照のこと。

　Mスコアが−1.78よりも大きい場合は，会計不正を実施している可能性が高い企業を判別するための目安の数値となる。

　　DSRI＝（t期売上債権／t期売上高）／（t−1期売上債権／t−1期売上高）
⇒この指標は収益認識の過剰，架空売上などの影響をみるもので，DSRIが高まるほど，当期の信用状態が上がるため，売上や利益に関する不正が生じる可能性が高いと考えられている。

　　GMI＝（（t−1期売上高−t−1期売上原価）／t−1期売上高）
　　　　　／（（t期売上高−t期売上原価）／t期売上高）
⇒この指標は利益調整のインセンティブを評価するための指標で，当期の売上総利益率が悪化した影響で，利益率の操作を行う可能性が高く，会計不正の可能性が高いと考えられる。

　　AQI＝（1−（t期流動資産＋t期償却対象有形固定資産）／t期総資産）
　　　　　／（1−（t−1期流動資産＋t−1期償却対象有形固定資産）
　　　　　／t−1期総資産）
⇒この指標は総資産に占める将来の収益に繋がる可能性のある資産以外の比率が高まるほど，将来の収益が不確実になる可能性を示し，指標が大きい程会計不正が生じる可能性が高いといえる。

　　SGI＝t期売上高／t−1期売上高
⇒この指標は成長企業における会計不正のインセンティブを示すもので，指標が大きいほど，会計不正が生じる可能性が高いといえる。

　　DEPI＝（t−1期減価償却費／（t−1期減価償却費
　　　　　＋t−1期償却対象有形固定資産））／（t期減価償却費
　　　　　／（t期減価償却費＋t期償却対象有形固定資産））

⇒この指標は減価償却の割合を示している。この値が1以上の場合は当期減価償却のスピードが落ちていることを指している。

　SGAI＝（t期販管費／t期売上高）／（t－1期販管費／t－1期売上高）
⇒この比率は販管費率が増加傾向にあることを示し，利益調整の可能性が高まることを示している。この指標で，会計不正の発生と正の相関があることを仮定している。

　LVGI＝（t期負債総額／t期売上高）／（t－1期負債総額／t－1期売上高）
⇒この指標は負債に対する依存度が高まっていることを示しており，債務制限条項に抵触しないために会計不正の発生可能性が高まると仮定している。

　TATA＝t期会計発生額／t－1期総資産
⇒この指標は会計不正の発生に正の相関があることを仮定している。

　Beneish氏モデルについて，筆者は何社かのわが国の粉飾公開会社とそのペアサンプルとで試してみたが，必ずしも適合率が高いとは言えない。

　それは，筆者の採用したサンプル企業数が少なすぎるからか，日本と米国企業とでは構造的な違いがあるなどで，同一モデルでの判別には無理があるなどの事情があると思うが，判別式による不正会社の判別には，一般的にいって次のような問題があると考える。

　そもそも不正会計の有無を数学的に判別式で判別するのに無理があると思われる。倒産予知などに判別式を使うのとは事情が違うからである。

　倒産予知などでは，当期純損益の赤字が続いて債務超過に陥り，回復の見通しが立たない企業は高い確率で倒産することが予想されるので，各種利益率や，自己資本比率などが絶対的に効果のある変数として使用できる。不正会計可能性の判別の指標にはそれがなく，1群，2群のどちらにも属するものが多いのだが，それをどちらか一方に決めるのに無理がある。

　例えばGMIについて，同じような程度に業績が悪い会社の間でも，粗利益率が低下している企業と，不正により修正した結果，低下していない企業とがある。それを，粗利益率の低下は不正に繋がると一律に決めてかかるのは，合理的でない。

　業績不振で粗利益率が低下したからと言って不正会計に走る会社はむしろ少数派であろう。不正に走るか否かを決めるのは，経営者のコンプライアンス意識や企業風土などの質的要因であり，質的要因を取り扱わない判別式ではその効果に限界があると思われる。

　GMIが低い会社が粉飾でGMIを引き上げたとしても，極端な粉飾ができず，業界全体から見ると，なお，低い水準にとどめざるを得ないことが多いと思われる。したがって，B氏のMスコアでは不正アリの組に判別されるかもしれない。しかし，同じ程度にGMIが低いが，粉飾などせずに悪いままの数値を公用している企業は「不正アリ」組に判別され，粉飾で高めた企業が「不正ナシ」組に判別される可能性が高い。粉飾の可能性は判別できるが，実際に実行したか否かの判別ができないのでは，判別式の意味がない。

　また，局地型粉飾では，連結の業績などとは関係なく，一営業部門などの都合で行われるので，超優良会社でも局地型粉飾は起こりうる。連結の数値で判別するのは必ずしも合理的とはいえない。

　Beneish氏モデルが作られた1999年と，不正会計に対する経営者の責任追及が厳しくなった現在とでは，経営者の不正会計に対する考えが違ってきている可能性もある。

　内部統制の効果など質的要因が重要な役割を果たす粉飾には，計数情報により数学的な解析法よりも，質的要因も含むチェックリストによる検討の方が有用な結論が出せると考えられる。

　会計不正会社に特徴的と考えられる事象をできるだけ沢山に選んで，該当する項目にチェックマークを付ける。それを計数的に評価するのでなく，該当項目ごとにチェックマークが付けられた原因や背景などを調べて，会計不正に結びつく可能性があるかどうかを調べるのである。

以下に，チェックリストの一例を紹介する。

② 一般的チェックポイント

① 売上高・利益などが業界での傾向や景気変動などと違った動きをしていないか

② 長期間僅かな利益しか計上していないのに，赤字にならないか

③ 3年以上にわたって前年度比売上高が30％以上上昇していないか

④ 雑収益，その他の営業外収益が多すぎないか

⑤ 借入金が多いのに現金・預金が多すぎないか

⑥ 売上債権回転期間が高すぎないか，上昇を続けていないか

⑦ 棚卸資産回転期間が高すぎないか，上昇を続けていないか

⑧ 仕入債務回転期間が低下傾向にないか

⑨ 営業支援金，貸付金などが多すぎないか，増え続けていないか

⑩ 前払費用，仮払金などその他の流動資産が多すぎないか，増え続けていないか

⑪ 主力製商品又は主力事業が衰退傾向にないか

⑫ 繰延税金資産が多くないか。将来の利益で消化できる金額か

⑬ 有形固定資産回転期間が高すぎないか，上昇を続けていないか。上昇している場合，増加が売上増につながっているか

⑭ 総資産回転期間が同業他社などと比べて著しく高くないか，上昇していないか

⑮ ソフトウエア，のれんなどが急増していないか，増加が売上増につながっているか

⑯ 投資有価証券，関係会社株式・貸付金などが多すぎないか，増加し続けていないか

⑰ 借入金依存度が上昇していないか

⑱ 自己資本比率が著しく低くないか

⑲　利益剰余金が著しく少なくないか（マイナスの期間がないか，資本剰余金などでマイナスを解消していないか）

⑳　第4四半期の売上高が多くなり，その結果次の第1四半期の売上高が減少していないか

㉑　会計監査人が変わっていないか（大手から中小へ，又は弱小監査人間の移動には特に注意）

㉒　東南アジア（特に中国）などでの売り上げが急増していないか，連結売上高の40％を超えていないか

㉓　異業種に属する新規事業を始めていないか

㉔　過去に局地型粉飾を公表していないか

㉕　社外取締役がいるか

㉖　代表取締役社長が長年居座っていないか

㉗　主要株主が入れ替わっていないか（異業種や事業に関係のない出資者に入れ替わっていないか）

㉘　毎年度赤字が続いているのに，出資者が現れ，債務超過にならないか

3　不正会計に向かわせるインセンティブに関係するチェックポイント

①　売上，利益など下降傾向が続いていないか

②　新製商品，新しい事業などが育っていない

③　試験研究費などが少なすぎないか，減少が続いていないか

④　従業員の平均年収が業界平均値などより低くないか

⑤　役員報酬など合理的な水準か無理な配当をしていないか

⑥　株価が低迷していないか

⑦　ブラック企業の風評などがないか

第4節
人工頭脳（AI）による
粉飾発見法について

　AIの普及により，近い将来には，会計事務や会計監査業務などはAIが引き受けることになり，担当者などは失業する可能性のあることが話題になっている。

　囲碁や将棋の世界では，学習を重ねた人工頭脳が名人と対局して勝利を収めるところまでAIは進歩している。

　AIを利用した不正会計の検索システムについても，大学や監査法人で開発が行われている。2020年2月17日付けの日本経済新聞によると，TMI総合法律事務所の所内スタートアップであるTMIプライバシー＆セキュリティコンサルティング（東京・港）はFRONTEOと組み，人工知能（AI）などを活用して企業などの不正を調査するサービスを始めたことを報じている。このシステムは，不祥事の発生時に最適な調査体制の構築を助言するほか，高度なデータ解析の技術も一元的に提供する。企業がより早く正確に不正に対応できるようにするものである[3]。

　また，2019年6月26日付け日本経済新聞は，国際会計事務所KPMGが開発中のAIシステム「クララ」について「企業の基幹業務システムと常時接続し，日次の売上高や経費，利益のほか，契約書やメール内容，社長のオフィス入退出など幅広いデータを独自に分析，24時間リアルタイムで会計不正がないかどうかチェックするとともに，業務報告書にまとめて企業経営者に報告する」と

---

(3) 「AIで企業の不正調査　TMI総合系」2020年2月17日日本経済新聞。

紹介している(4)。

　「クララ」を稼働させるには，会計データの他に，契約書やメールの内容，社長のオフィス入退出記録など幅広いデータを常時入手してインプットする必要があり，内部に入り込んで常時，会計データに限らず，社長の入退出記録のような質的情報までも，必要な情報を入手できることが条件になる。

　同記事によると，EY新日本監査法人でも独自に開発した不正検知システムを活用して，「企業が持つ数億件もの仕訳データなどを使って，売上高や在庫の増減などに不自然な動きがないかどうかを見つけ出す作業を行っており，18年度決算の会計監査では約100社で利用した」ことを伝えている。また，同監査法人の市原直道パートナーは，AIにより不正発見の効率性と確実性が格段に上がったことを強調している。

　他方で同記事は，企業から有効なデータを得られなければ，AIは能力を十分に発揮できないことも認めていて，データ収集をAIにおける課題に挙げている。

　有限責任あずさ監査法人は，一橋大学と共同で，機械学習を用いることにより企業の会計不正のリスクをスコアリングするモデルの研究成果をまとめ，独立行政法人経済産業研究所のディスカッション・ペーパー「機械学習手法を用いた不正会計の検知と予測」として2019年7月23日付けで公表し，企業会計2019年11月号にも論文を掲載している。

　「企業会計」掲載の論文では，限られた数の変数を用いてモデルを構築する際の問題点として，不正会計を公開した会社数は年間数件か数十件しか存在しないことを挙げている。その上で「このような状況のなかで，単純に財務諸表に不正会計が含まれているか否かについての正解案を向上させようとした場合，全ての財務諸表に不正はないと推測することで，高い正解案を達成することができる。例えるなら，砂漠で天気予報をする場合，全て「晴れ」と予報することで，99％的中させることは可能かもしれない。しかし，不正会計検知の目的

(4)　2019年6月26日付け日本経済新聞，「不正発見瞬時に　会計の未来　AIが変える監査㊤」による。

からすると，そのようなモデルは有用なモデルとはいえない。」ことを指摘している[5]。

　また，モデルが出した評価の利用効果について，「性能を高めやすい手法には，モデルの複雑性が高く，その結果を解釈することが困難になるものが多い。このような解釈可能性が低いモデルを用いた場合，なぜかよく当たるが，何をもってリスクが高いと評価されているのかがわからず，次のアクションに繋がらないという状況が起こりうる。会計監査においては，リスクが高いと判定された場合，実際に不正会計が起きているかを詳細に検討するというアクションが必要になる。そのためモデルがどのような状況を反映して不正が起きているリスクが高いとみなしているかを解釈できなければ実務での活用が難しい」ことを指摘している。

　投入変数の制約を克服し，検知性能を高めるためRandom Forestと呼ばれる機械学習法をベースとした手法を用いている。

　学習効果により高度なノウハウと判断力を備えたAIの利用には，十分な情報の入手が不可欠である。会社が公開する財務情報以外に情報の入手ができない外部の分析者には，AI時代になっても人工頭脳は高値の花であり，せっかくのツールも利用できないことが多い。したがって，依然として「売上高増加のスピードが異常に速い」とか，「売上債権や棚卸資産の回転期間が異常に長いか，あるいは年度毎に上昇が続いている」ような，異常な兆候を読み取る以外に粉飾発見の方法はないのかもしれない。

　複雑なシステムにより構築されている粉飾発見モデルなど利用できない外部の分析者には，前節で紹介したチェックリストによる分析法が利用できる。チェックリストでチェックされた項目を丹念に検討して，常識的な判断により得られた結果などを総合することによって，どこに粉飾の危険性が存在するか，などの知識が得られる可能性がある。しかし，チェックリスト分析法でも，会社が公表する財務情報だけでは，効果が限られていて，ある程度の会社の定性

(5)　宮川大介・宇宿哲平氏「AIにおける不正会計検知・予測の可能性」企業会計，2019　Vol.71 No.11による。

的な情報も入手する必要があり，やはり，情報入手の制約に突き当たる。

　そもそもこのような問題の解決のために，監査人監査の制度が設けられたものである。

　外部の分析者がそれぞれに膨大な情報を入手して，複雑なモデルを駆使して，粉飾発見に努めるよりも，常に会社と接触して，生の情報にじかに触れることができ，各種の人材を抱えて，組織力を発揮できる監査法人に，複雑なモデルを操作しての粉飾発見などの業務を任せて，その結果を利用する方が効率的であることは明らかであって，それこそ，公開会社の財務情報開示の本来の趣旨に叶うものである。

　外部の分析者は，監査人の監査で適正意見のつけられた財務情報を，粉飾などに心配することなく利用できるので，全精力を本来の財務分析に傾注させることで，AI時代にも生き残る道を開拓する。このような時代が間もなくやってくることを期待するものである。

第 5 章

グラフによる
売上債権異常発見法

- ● はじめに
- ● 短期・長期債権への分割
- ● 回転期間及び勾配による売上債権
  回収状況の分析

第1節

は じ め に

　筆者は2019年7月14日開催の日本経営分析学会・日本ディスクロジャー研究学会（現在は合併して日本経済会計学会）の第36回年次大会において，「グラフによる売上債権異常発見法（その2）」を発表し，同学会の年報，「経営分析研究」に投稿した。

　発表論文において，売上高と売上債権の四半期データにより，売上債権を短期残高（回転期間T'）と長期残高（回転期間T"）に分割し，長期債権回転期間の推移により，回収状況を推察する分析法提案した。短期残高は当四半期発生残高で，長期残高は当四半期より前の四半期の発生残高である。これは，日本の上場会社の売上債権回転期間が1四半期（3か月）内外かそれ以下の会社が大部分であり，1四半期を超える長期債権残高が増えるのは，回収に異常が生じたか，粉飾による水増しがあった場合に多いと考えられるからである。

　本章では，この分析法を本書の事例で取り上げた会社に当てはめて，異常が発見できるかどうかを試してみる。

短期・長期債権への分割

1 定 義 等

　本章では，原則として四半期データにより測定，計算を行い，回転期間も四半期単位で表示する。また，売上高と書けば四半期売上高を意味することにする。前四半期，当四半期，翌四半期などは，前期，当期，翌期などと書く。

　前章で，四半期データによる売上債権の回転期間は，前の四半期の売上高との関係で違ってくるし，グラフの勾配は，売上高が増加から減少に変わった場合と，減少から増加に変わった場合など，売上高増減のパターンの違いによって違ったものになることを説明したが，この性質を利用して，売上債権残高を短期債権と長期債権残高に分類する方法を紹介する。

　わが国の上場企業では，通常の企業では，売上債権残高の大部分は翌期中には回収され，翌々期にまで持ち越される残高は少額である。まして，翌々期中においても回収されずに翌々期末残高になるのはごくわずかと推察される。そこで，単純化のために，売上債権残高は当期及び前期発生残高のみで構成されているものと仮定する。

　以下において，貸倒売上債権，滞留売上債権及び架空売上債権などをまとめて滞留等と呼ぶ。

　当期発生残高の大部分は翌期中に回収されるし，残りはすべて翌々期中に回収されるものとすると，当期末残高は次のように分類できる。

　当期発生残高：短期債権（B_1）

前期発生残高：長期債権（B_2）

当期の売上高をS_0，前期売上高をS_{-1}，翌期売上高をS_{+1}などとする。

2　回転期間の計算式

四半期ごとの売上高に変動がない場合には，回転期間は下記のとおりとなる。

　$B_1 \div S_0 = T'$（短期債権回転期間）

　$B_2 \div S_{-1} = T''$（長期債権回転期間）

　$T' + T'' = T$（＝四半期単位による売上債権回転期間である。月単位は3倍にする）

四半期ごとに売上高が変動する場合については，第3節で取り扱う。

第 **3** 節

回転期間及び勾配による
売上債権回収状況の分析

1 回転期間と回帰式勾配との関係

売上高（S）と残高（B）の交点分布から推定される回帰直線の推定式 B = AS + C の勾配 A と切片 C から，回収状況を推定する分析法を検討する。

前節で，売上債権回転期間を T = T' + T'' と定義したが，当期末残高を当期売上高で割って計算する回転期間 T = $(B_1 + B_2) \div S_0$ では，売上高の期間ごとの増減パターンの違いにより，回転期間 T の計算値及び勾配 A が違ってくる。

そこで，売上高増減パターンごとに検討する。

2 規則的増減変動型の分析

（1） 増収継続型企業

① 回収期間などに変化がない場合

増収が続いている企業では，勾配 A は上の計算式による計算値より小さくなる。増収継続型企業では，前期売上高は当期売上高より少ない。当期末残高は当期発生残高 B_1 と前期発生残高 B_2 で構成されているが，前期発生残高 B_2 は前期売上高が少ない分だけ当期発生残高 B_1 と比べて少なくなる。当期売上高で割って計算する当期の回転期間の計算では，期毎の成長率を a とすると，B_2 を $1 + a$ で割り引いて当期発生残高と揃える必要がある。結局，売上債権回転期間 T は，T = $(B_1 + B_2 / (1 + a)) / S_0$ になる。

勾配Aは，回転期間（四半期単位）と同じである。

②　回転期間が上昇している場合

売上高が毎期 a ずつ増加を続けている企業で，回転期間がTから β だけ上昇すると勾配Aは，$A = T + \beta + \beta / a$ となる。

(2)　減収継続企業

売上高の低下が続いている場合には回転期間Tは，$T' + T'' / (1 + a)$ になる。

$T' = 0.8$，$T'' = 0.2$とし，四半期毎に３％の売上低下が続いている場合には，$T = 0.8 + 0.2 / 0.97 = 1.006$になる。

図表５－１は，各種売上高変動パターンにおける売上高・売上債権交点の分布と，回帰推定式を示したグラフである。

図表５－１　増収継続型

	四半期	売上高	売上債権	回転期間
◆第1期	01／6	100.0	99.4	0.994
	9	103.0	102.4	0.994
	12	106.1	105.5	0.994
	02／3	109.3	108.6	0.994
▲第2期	6	112.6	113.9	1.012
	9	115.9	119.3	1.029
	12	119.4	124.7	1.044
	03／3	123.0	130.3	1.059
■第3期	6	126.7	133.9	1.057
	9	130.5	137.7	1.055
	12	134.4	141.6	1.054
	04／3	138.4	145.6	1.052

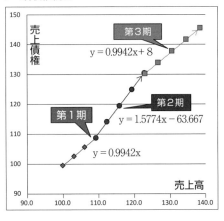

図表５－１の第１期は，$T' = 0.8$，$T'' = 0.2$とし，四半期毎成長率 $a = 0.03$，スタート時の売上高を100とした場合の交点推移表であり，交点分布から推定される回帰直線の勾配は0.9942であり，Aの計算結果 $A = (80 + 20 \div 1.03) / 100 \fallingdotseq 0.9942$と一致する。

　図表5－1の第2期には，T'＝0.8，T"＝0.2，α＝0.03には変わりがないが，毎期2ずつ滞留等が発生し，第2期末には8の滞留等が堆積したものとする。滞留等発生により回転期間が0.994から1.059まで0.065上昇したのに対して，グラフによる勾配は1.577であり，第1期の回転期間より0.583高い。第2期における売上高成長率は$1.03^4－1 ≒ 0.1225$であり，上の式に従うとA≒T(0.994)＋β(0.065)＋β(0.065)／α(0.1255)≒1.577で，グラフの結果とほぼ一致する。

　図表5－1の第3期には，滞留等の発生が止まったが，滞留等8はそのまま残留しているケースであり，勾配は第1期の0.994に戻るが，切片が8のプラスになっている。増収継続型では，切片が滞留等の情報を伝えることになる。

　回転期間が上昇した場合には，勾配と回転期間の間の乖離幅に注意する必要がある。勾配の方が$\beta／\alpha$だけ回転期間より長くなるのだが，売上高が大幅に増加した場合には，多少回転期間が伸びても両者間の乖離幅はそれほど大きくならないが，わずかな売上増に対して，回転期間が相当程度増えた場合には乖離幅が大きくなる。回転期間の上昇はリスクの増加を意味するので，乖離幅が大きい場合には，成長の副作用ともいえるリスク増がメリットを上回ることを意味する可能性がある。

(3)　四半期毎増減型

①　勾配，回転期間の計算式

　四半期ごとに売上高の増減を繰り返すタイプを「四半期毎増減型」と名付ける。売上高，売上債権残高共に毎期の変動幅が一定で，甲点と乙点の間を往復する規則的変動型では，勾配Aや，回転期間T'，T"は，n期の売上高をS_nとすると次の計算式①で推定できる。

　　A＝（n期売上債権残高－n－1期売上債権残高）
　　　／（n期売上高－n－1期売上高）
　　　＝$\{(S_n T' + S_{n-1} T") - (S_{n-1} T' + S_{n-2} T")\}／(S_n - S_{n-1})$
　　　＝$\{(S_n - S_{n-1}) T' + (S_{n-1} - S_{n-2}) T"\}／(S_n - S_{n-1})$

規則的四半期増減型では $S_{n-2} = S_n$ だから

$A = \{(S_n - S_{n-1})T' - (S_n - S_{n-1})T''\} / (S_n - S_{n-1})$

$\downarrow$

$A = T' - T''$

$T' = T'' + A = (T - T') + A \rightarrow 2T' = T + A$ から

$T' = (T + A) / 2$

$T'' = T' - A = (T - T') - A \rightarrow 2T'' = T - A$ から

$T'' = (T - A) / 2$

以上の計算式をT'①計算式及びT''①計算式とし，計算値をT'①計算値及びT''①計算値とする。

②　T②計算式

T①計算式は四半期ごとに規則的増減を繰り返す企業用の算式であり，増減幅などにばらつきがある場合でも，T①計算値が概算値として利用できるが，規則的変動からの乖離が大きいほど，T①推定値の信頼性が低下する。

また，勾配Aは交点の分布状態に大きく左右され，分布の僅かな変動にも反応して推定値も変動することがある。それに，企業の中にはT''比率がもともと大きい企業も存在する。滞留などを含まない正常回転期間を知る必要があるし，変動にばらつきが多い場合にも通用する計算式が必要である。

そこで，T②計算式を考案した。B_n はn期における売上債権残高である。

T②計算式は，T'を一定の数値に固定して，$T_n'' = (B_n - S_n T') / S_{n-1}$ により各期の T_n'' を推定し，全期間の推定値の平均値を各T'についてのT''②計算値とする。想定しうるT'についてT''を推定し，T'毎のT''を算出する。各種のT''計算値の中で標準偏差が最小のものをT''②計算値に選定する。

同様にして，T''を一定の数値に固定して，$T_n' = (B_n - S_{n-1} T'') / S_n$ により各期の T_n' を推定し，標準偏差が最小のT''におけるT'をT'②計算値とする。T'②計算値とT''②計算値を合わせてT②計算値と総称する。

T②については，標準偏差による選別法に理論的な根拠がないのが欠点である。また，滞留等がT'とT''にどのような比率で配分されるのかの推定が困難

である。

　両計算値のどちらを採用するかが問題になるが，以下の事例研究では，少々乱暴かもしれないが，両計算値の平均値を採用することにする。

(4)　沖電気のケース

　第3章の事例1で紹介した沖電気工業（OKI）について，第4章での図表4－4(1)及び図表4－4(2)により08／6期から15／3期までの期間についてのT①計算値を求めると以下のとおりとなる。

　第1期（08／6期から12／3期まで）

　　　回転期間（T）　　　：0.804か月

　　　勾配（A）　　　　　：0.548

　　　T' ＝（T＋A）／2：0.676か月

　　　T" ＝（T－A）／2：0.128か月

　第2期（12／6期から15／3期まで）

　　　回転期間（T）　　　：0.746か月

　　　勾配（A）　　　　　：0.650

　　　T' ＝（T＋A）／2：0.698か月

　　　T" ＝（T－A）／2：0.048か月

回転期間はすべて四半期単位のものである点に注意されたい。

　第1期と比べて第2期には回転期間が全体として0.058か月短縮しているが，T'が0.022伸びて，T"が0.08短縮している。

　第2期においてT'が低下しているのは不適切会計処理を中止して，長期債権残高が減少したことを示していると考えられる。

　図表5－2は，OKIの同期間におけるT②計算値の計算表であり，上段に08／6期から12／3期までの第1期，下段に不適切会計処理を訂正して正常に戻った12／6期から15／3期までを第2期を配列してある。

図表5−2　OKI

(単位：百万円，月)

	売上高	売上債権	回転期間	T'=1.96	T'=1.97	T'=1.98	T"=0.5	T"=0.51	T"=0.52
第1期									
09/3	149,446								
6	82,621	79,807	2.898	0.173	0.171	0.169	0.664	0.658	0.652
9	106,377	83,283	2.349	0.167	0.163	0.158	0.653	0.651	0.648
12	99,895	83,935	2.521	0.176	0.172	0.169	0.663	0.659	0.656
10/3	155,056	116,736	2.259	0.154	0.149	0.144	0.645	0.643	0.641
6	82,525	81,144	2.950	0.176	0.174	0.172	0.670	0.664	0.658
9	103,363	87,997	2.554	0.248	0.244	0.240	0.718	0.716	0.713
12	98,868	83,927	2.547	0.187	0.184	0.181	0.675	0.671	0.668
11/3	147,929	112,579	2.283	0.161	0.156	0.151	0.650	0.647	0.645
6	83,767	79,763	2.857	0.169	0.167	0.165	0.658	0.652	0.646
9	104,662	81,253	2.329	0.154	0.150	0.145	0.643	0.640	0.638
12	104,950	79,302	2.267	0.103	0.099	0.096	0.589	0.586	0.583
12/3	134,725	109,909	2.447	0.209	0.204	0.200	0.686	0.683	0.681
平均値	111,860	89,970	2.413	0.519	0.508	0.498	1.979	1.968	1.957
標準偏差		0.804		0.03434	0.03431	0.03432	0.03023	0.03018	0.03022

	売上高	売上債権	回転期間	T'=2.03	T'=2.04	T'=2.05	T"=0.28	T"=0.29	T"=0.3
第2期									
12/3	135,445								
12/6	91,149	75,748	2.493	0.104	0.102	0.099	0.692	0.687	0.682
9	102,480	75,139	2.200	0.064	0.060	0.056	0.650	0.647	0.644
12	110,059	84,605	2.306	0.099	0.095	0.092	0.682	0.679	0.676
13/3	152,136	116,286	2.293	0.121	0.117	0.112	0.697	0.694	0.692
6	91,182	76,728	2.524	0.099	0.097	0.095	0.686	0.680	0.675
9	112,816	84,148	2.238	0.086	0.082	0.077	0.670	0.668	0.665
12	113,794	81,270	2.143	0.038	0.034	0.031	0.622	0.618	0.615
14/3	165,320	124,699	2.263	0.113	0.108	0.103	0.690	0.688	0.685
6	99,121	79,082	2.393	0.073	0.071	0.069	0.642	0.637	0.631
9	129,670	94,186	2.179	0.065	0.061	0.056	0.655	0.652	0.650
12	128,126	90,281	2.114	0.028	0.024	0.021	0.610	0.607	0.603
15/3	183,236	129,955	2.128	0.047	0.042	0.037	0.644	0.642	0.639
平均値	124,195	92,677	2.239	0.234	0.223	0.212	1.985	1.975	1.965
標準偏差		0.746		0.03048	0.03047	0.03051	0.02887	0.02885	0.02889

　OKIは，図表5−2のデータ表によると四半期毎増減型と見られるが，第1期においては，四半期毎増減のルールに従うと11／12期に売上高は前四半期よりも減少しなければならないのに，僅かだが増加している。第2期においては，

12／12期及び13／12期で同様の現象が起きている。また，回転期間は，売上高増加期は「低」，減少期は「高」になるべきところを，第1期には10／12，12／3期で「高」「低」が逆転しているし，第2期には12／12，14／3，14／12，15／3期で「高」「低」が逆転している。これら，パターンの異常が，T'，T"の推定値の誤差を大きくする。

　図表5－2では，左側の列に期間，売上高，売上債権残高及び回転期間が記載してある。いずれも訂正前の数値であり，売上債権残高からは貸倒引当金を控除してある。

　データ列の右側の4列は，T'を固定した場合の計算表であり，T'＝1.96〜1.98についての各期の回転期間（四半期単位）を計算し，平均値（月単位）と標準偏差を計算してある。

　標準偏差はT'＝1.97が最小になるので，1.97か月をT'の最適値とする。最適T'におけるT"の値は最下行平均値の0.508か月である。

　その右側の4列はT"を固定した場合の計算表であり，標準偏差はT"＝0.51が最小なので，0.51か月を最適値に選ぶ。T'固定計算のT"の計算値0.508か月との差は0.002か月であり，T"②計算値の平均値は0.509か月である。

　小数点第3位を四捨五入すると両計算結果が一致するのでT'＝1.97月，T"＝0.51月とする。

　第2期においては，しばらくの期間は売上債権の残高はそのままにして，貸倒引当金の積み増しで，不良債権の処理をしているが，貸倒引当金は通常の残高と不良債権に対する引当残との区別がつかないので，全額を控除した。両期間の条件をそろえるために，第1期の売上債権残高からも貸倒引当金を控除したものである。

　T'固定計算での最適値は2.04か月であり，T"は0.223か月である。T"固定計算による最適値は0.29か月であり，両計算法の間に0.067か月の差がある。両計算間の差が大きいので平均値をとると，T"②計算値の平均値は0.26か月であり，第1期の最適値0.51か月より0.25か月短縮している。

　この回転期間の差が12／3期まで不適切会計処理によって隠蔽してきた不良

債権の金額を示していると考えられる。しかしこの回転期間を第1期における平均売上高により金額に換算すると約94億円である。

③ 不規則的増減変動型の分析

　四半期毎に規則正しく増減を繰り返すのではないが，増増増減や増増減減などの変動を不規則に繰り返して，長期的には，売上高が停滞していて，大きく増えたり減ったりしない型を不規則増減変動型と呼ぶことにする。

　この型では長期的には，売上高に大きな増減がない場合には，売上高の増加期と減少期における売上高増減額がほぼ同額になっている筈である。増加継続型と四半期毎増減型の混成型であり，増減幅が常に一定の規則的なケースでは，勾配Aは両型の中間のA = {(T' + T") + (T' − T")} ／ 2 = T'になるし，T" = T − Aになる。

　その他の売上高変動パターンの企業については規則性が少なく，ケースバイケースで分析する必要があるので，ここでは取り扱わない。

(1)　株式会社レスターホールディングス（UKC）のケース

　事例研究で取り上げた東証1部上場の株式会社レスターホールディングス（UKC）のケースをここでも取り上げる。

　図表5−3の左側はUKCの11／3期から19／3期までの売上高，売上債権残高及び回転期間のデータ表である。全期間を4分割し，13／3期までを第1期，15／3期までを第2期，17／3期までを第3期，19／3期までを第4期とする。UKCでは割引手形の残高も公表しているので，売上債権残高には割引手形残高も加えてある。UKCでは不適切会計処理の訂正を，売上債権残高を直接訂正するのではなく，貸倒引当金の積み増しにより実行しているので，第4期の売上債権残高からは貸倒引当金を控除してある。

　右側は第1期から第4期まで，期ごとのT②計算表。

図表5－3　ＵＫＣ

(単位：百万円，月)

	売上高	売上債権	回転期間	T'=2.31	T'=2.32	T'=2.33	T"=0.84	T"=0.85	T"=0.86
第1期									
11/3	74,763								
6	72,718	76,865	3.17	0.279	0.276	0.273	0.769	0.766	0.762
9	66,027	70,103	3.19	0.265	0.262	0.259	0.753	0.750	0.746
12	54,506	58,891	3.24	0.256	0.254	0.251	0.741	0.737	0.733
12/3	63,837	62,891	2.96	0.252	0.248	0.244	0.746	0.743	0.740
6	66,322	73,711	3.33	0.355	0.351	0.348	0.842	0.839	0.835
9	78,450	77,146	2.95	0.252	0.248	0.245	0.747	0.744	0.741
12	71,585	77,823	3.26	0.289	0.286	0.283	0.780	0.777	0.773
13/3	68,151	68,346	3.01	0.222	0.219	0.215	0.709	0.705	0.702
平均値	67,700	70,722	3.134	0.814	0.804	0.794	2.279	2.273	2.262
標準偏差		1.045		0.039283	0.039282	0.039285	0.04186	0.038946	0.039003

	売上高	売上債権	回転期間	T'=1.83	T'=1.84	T'=1.85	T"=0.93	T"=0.94	T"=0.95
第2期									
13/3	68,151								
6	73,529	67,126	2.74	0.327	0.323	0.320	0.626	0.623	0.619
9	90,563	79,120	2.62	0.325	0.321	0.317	0.622	0.619	0.617
12	81,257	79,874	2.95	0.335	0.332	0.329	0.637	0.634	0.630
14/3	71,693	70,633	2.96	0.331	0.328	0.325	0.634	0.630	0.626
6	64,339	64,863	3.02	0.357	0.354	0.351	0.663	0.659	0.655
9	67,531	64,142	2.85	0.357	0.353	0.350	0.654	0.651	0.648
12	70,840	74,591	3.16	0.465	0.461	0.458	0.757	0.754	0.751
15/3	77,962	72,357	2.78	0.350	0.346	0.343	0.646	0.643	0.640
平均値	74,714	71,588	2.874	1.067	1.057	1.047	1.978	1.955	1.945
標準偏差		0.958		0.045904	0.045903	0.045906	0.04537	0.0436450	0.0436455

	売上高	売上債権	回転期間	T'=1.98	T'=1.99	T'=2.00	T"=1.01	T"=1.03	T"=1.02
第3期									
15/3	77,962								
6	69,889	70,607	3.03	0.314	0.311	0.308	0.635	0.631	0.627
9	73,060	76,734	3.15	0.408	0.405	0.401	0.728	0.725	0.722
12	78,179	82,998	3.18	0.430	0.426	0.423	0.747	0.744	0.741
16/3	67,556	73,624	3.27	0.371	0.369	0.366	0.700	0.696	0.693
6	65,117	72,235	3.33	0.433	0.430	0.427	0.760	0.757	0.753
9	72,830	71,589	2.95	0.361	0.357	0.354	0.682	0.679	0.676
12	71,159	83,727	3.53	0.505	0.502	0.498	0.832	0.829	0.825
17/3	73,826	65,183	2.65	0.231	0.228	0.224	0.558	0.555	0.552
平均値	71,452	74,587	3.132	1.145	1.135	1.125	2.116	2.106	2.096
標準偏差		1.044		0.0832578	0.0832570	0.0832572	0.0831973	0.0831972	0.0831981

	売上高	売上債権	回転期間	T'=2.43	T'=2.44	T'=2.45	T"=0.5	T"=0.51	T"=0.52
第4期									
17/3	73,826								
6	76,317	62,383	2.45	0.008	0.004	0.001	0.653	0.650	0.647
9	86,215	75,664	2.63	0.076	0.073	0.069	0.727	0.724	0.721
12	73,632	66,536	2.71	0.080	0.077	0.074	0.705	0.701	0.697
18/3	65,285	61,539	2.83	0.118	0.115	0.112	0.751	0.747	0.743
6	49,348	50,954	3.10	0.168	0.166	0.163	0.808	0.803	0.799
9	54,898	59,465	3.25	0.304	0.300	0.296	0.930	0.927	0.924
12	54,324	52,259	2.89	0.150	0.147	0.144	0.790	0.787	0.783
19/3	47,201	49,807	3.17	0.213	0.210	0.207	0.860	0.856	0.852
平均値	63,403	59,826	2.831	0.419	0.409	0.400	2.334	2.323	2.312
標準偏差		0.944		0.091631	0.091630	0.091632	0.088837	0.088835	0.088836

各期についてのT"②計算値をまとめると図表5-4のとおりになる。

図表5-4　T②計算値推移表

(単位：月)

	第1期		第2期（訂正前）		第3期（訂正前）		第4期（正常化後）	
	T'計算値	T"計算値	T'計算値	T"計算値	T'計算値	T"計算値	T'計算値	T"計算値
T'固定計算	2.32	0.804	1.84	1.057	1.99	1.135	2.44	0.409
T"固定計算	2.273	0.85	1.955	0.94	2.106	1.03	2.323	0.51
平均値	2.297	0.827	1.898	0.999	2.048	1.083	2.382	0.460

　計算結果では，第2期には第1期と比べてT'が短縮している。T"がやや長期化しているのは，正常なばらつきの範囲内の誤差と思われるが，香港ビジネス以外で，サイトが伸びた取引があったのか，あるいは，香港ビジネスに引きずられてT'が低く計算され過ぎたことの反動かもしれない。

　第3期にT"が大幅に上昇したのは，香港ビジネスでの回収サイトの延長によるものであり，実質的には滞留債権の増加によるものと考えられる。この期において，ｂ社に支払い済みの前渡金を利用してｃ社香港に金融支援をしており，そのため，滞留債権は不適切会計処理訂正前でも過少表示されており，T"②計算値も過少に推定されている可能性がある。

　第4期に，T"が大幅に低下したのは，不適切会計処理をやめた効果と思われる。T'が上昇したのは，不適切会計処理を取り止めたことで，ｃ社香港との取引について，代理取引として売上高に計上するのを取り止めたため，売上高が減少したことによるものと推察される。

索　引

<著 者 紹 介>

井端　和男（いばた　かずお）
略歴：
　　1957年　　　一橋大学経済学部卒業
　　　同年4月　日綿実業（現双日）入社，条鋼鋼管部長，国内審査部長，
　　　　　　　　子会社高愛株式会社常務取締役などを歴任。
　　1991年7月　公認会計士事務所を開設。現在に至る。
資格：
　　公認会計士
主な著書：
　　倒産予知のための財務分析　　　　商事法務研究会　　1985年3月
　　与信限度の設定と信用調書の見方　商事法務研究会　　1998年11月
　　リストラ時代の管理会計　　　　　商事法務研究会　　2001年9月
　　いまさら人に聞けない「与信管理」の実務　改訂新版
　　　　　　　　　　　　　　　　　　セルバ出版　　　　2014年3月
　　粉飾決算を見抜くコツ　改訂新版　セルバ出版　　　　2009年11月
　　いまさら人に聞けない「四半期決算書」の読み解き方
　　　　　　　　　　　　　　　　　　セルバ出版　　　　2006年9月
　　黒字倒産と循環取引－および粉飾企業の追跡調査－
　　　　　　　　　　　　　　　　　　税務経理協会　　　2009年1月
　　最近の逆粉飾－その実態と含み益経営－
　　　　　　　　　　　　　　　　　　税務経理協会　　　2009年9月
　　リスク重視の企業評価法
　　　　－突然襲ってくる存亡の危機にどこまで耐えられるか－
　　　　　　　　　　　　　　　　　　税務経理協会　　　2010年9月
　　最新　粉飾発見法－財務分析のポイントと分析事例－
　　　　　　　　　　　　　　　　　　税務経理協会　　　2012年4月
　　最近の粉飾　第7版　　　　　　　税務経理協会　　　2016年9月
　　やさしい決算書の読み方　　　　　税務経理協会　　　2017年4月

著者との契約により検印省略

令和2年10月20日　初版第1刷発行　　忖度と国際化時代の粉飾

著　者　井　端　和　男
発　行　者　大　坪　克　行
製　版　所　税経印刷株式会社
印　刷　所　有限会社山吹印刷所
製　本　所　株式会社三森製本所

発　行　所　〒161-0033 東京都新宿区　　株式　税務経理協会
　　　　　　下落合2丁目5番13号　　　会社

振　替　00190-2-187408　　電話　(03)3953-3301（編集部）
ＦＡＸ　(03)3565-3391　　　　　　(03)3953-3325（営業部）
URL　http://www.zeikei.co.jp/
乱丁・落丁の場合は，お取替えいたします。

ISBN978-4-419-06752-6　C3034